불안한
완벽주의자를
위한 책

불안한 완벽주의자를 위한 책

The Anxious
Perfectionist

자기증명과
인정욕구로부터
벗어나는
10가지 심리학 기술

마이클 투히그·
클라리사 옹 지음

이진 옮김

수오서재

차례

실수와 실패를 기꺼이 포용하고 싶다면

한 세기 전, 프랑스의 심리학자이자 의사였던 피에르 자네는 자신의 환자들 중 일부가 극도의 불완전감으로 일상생활에 어려움을 겪고 있음을 감지했다. 그 느낌이 그들을 고문했고 스스로의 행동과 인지에 강한 의심을 유발했다. 그 의심을 다스리기 위해 그들은 생각과 행동에서 완벽을 갈구했다. 완벽에 도달하지 못했다는 무능감은 실수를 피하기 위한 분투로 이어졌다. 그로 인한 결과를 피에르 자네는 '정신쇠약'이라고 불렀다. 최근 들어 정신쇠약은 강박장애, 불안장애, 섭식장애, 기분장애와 같은 일련의 장애들의 조합으로 인식되고 있다. 그로부터 수십 년 뒤 정신분석학자 카렌 호나이는 스스로 만든 이상적이고 완벽한 이미지에 부합하기 위해 애쓰며 사는 불안한 환자들에게서 한 가지 공통점을 발견했다. 그들에겐 행동을 유도하는 명령문이 있었다. 호나이는 그 명령문을 '당위의 횡포' 즉, 반드시 순종해야만 하는 엄격한 명령("절대 실수해선 안 돼", "절대 A학점 이하를 받아선 안 돼")이라고 설명했다. 심리학자 앨버트 엘리스는 그러한 사고방식을 '해야만 한다'는 의미의 'must'를 활용해 '머스터베이션 musterbation'이라는 새로운 단어로 표현했다. 완벽에 대한 절대적이고 비현실적인 요구를 뜻하는 말이다. 이 책은 완벽주의적 사고의 특징이자 심리적 고통을 유발하는 '해야 하는 것들shoulds'과 '의무들musts'을 탐구한다. 당신이 이런 유형의 사고방식을 갖고 있다면 그게 얼마나 해로운 일인지 이 책을 통해 알게 될 것이다.

완벽을 추구하는 태도는 당신을 성취하는 삶으로 이끌기도 하지만 자기파괴의 나락으로 떨어뜨리기도 한다. 그 차이는 어떤 방식으로 완벽을 추구하느냐에 달려 있다. 실수와 실패를 포용하고 건설적으로 활용한다면 긍정적인 삶을 살 수 있다. 반면 실수와 실패가 두려워 회피하려고만 한다면 삶은 하나의 투쟁이 된다. 완벽주의는 본질적으로 자기비판적이다. 엄청난 성취를 이루었을 때조차 극단적이고 경직된 자기평가로 인해 자신이 실패자이며 쓸모없는 존재인 것 같은 기분이 든다. 아무리 많은 것을 이루었어도 자신을 평가하는 기준이 완벽한 업무수행과 완벽한 인간이 되는 것이라면, 이 세상은 두렵고 피하고 싶은 일들만 끝도 없이 이어지는 위협의 원천이 된다. 실수와 실패를 자신의 가치를 결정하는 기준으로 삼을 때 그 결과는 참혹하다. 냉혹한 자기비판은 자신에게 근본적으로 문제가 있다는 생각으로 이어지고, 완벽해져야만 그 문제가 해결될 거라고 믿게 된다.

클라리사 옹과 마이클 투히그는 자신의 불완전함을 관찰하고, 이해하고, 또 수용하면서 동시에 최고의 자신으로 살아가기 위한 방법을 탐구한다. 그들은 자기비판이 성공의 원동력이라는 신화를 해체한다. 자기비판을 삶의 원동력으로 삼는다면 설령 성공을 거둔다고 해도 당신은 불행할 것이다.

이 책은 가치의 중요성을 강조한다. 당신에게 진정 소중한 것이 무엇인지 정의하도록 도울 것이다. 더 나아가서 가치를 명확히 하고 가치와 연결되도록 도울 것이다. 알아차림과 연민에 기반을 둔 훈련은 당신이 원하는 삶을 살 수 있도록 이끌 것이다. 가장 중요한 것은 당신이 가장 소중히 여기는 것을 위해 노력하되 피치 못할 실수와 실패를 포용하는 것이다. 이 여정은 당신의 노력을 충분히 보상할 것이다.

랜디 O. 프로스트
노샘프턴 스미스대학 심리학 명예교수

들어가는 글

불안, 스트레스, 걱정의 바다에서
허우적거리는 당신에게

어떤 일을 완벽하게 해내고 싶은 욕구는 두 가지 양상으로 나타난다. 긍정적인 양상으로는 매번 포상을 받고, 누구보다 생산적이며, 언제나 높은 수준으로 일을 처리하는 것을 들 수 있다. 반면 부정적인 양상도 있다. 시한을 넘기고, 상습적으로 일을 미루고, 툭하면 짜증을 내고, 만성 수면 부족에 시달리는 것이다. 우리는 심리치료사로서 인간관계가 끝장난 것도 모른 채 무한 경쟁에 몰입하는 출세주의자, 새벽 3시에 시한을 늦추어달라고 교수에게 문자를 보내는 학생, 돌이켜보니 인생을 전혀 즐기지 못했음을 깨닫는 은퇴자들을 만난다. 임상심리학자로서 유능한 동료들이 완벽주의 때문에 무기력해지고, 탈진하고, 심지어 학계에서 퇴출당하는 것도 보았다. 이런 현상이 발생하는 이유는 완벽주의가 양날의 칼이기 때문이다. 그들을 성공하게 하는 바로 그 능력이 오히려 그들을 소진시키는 요인이 된다. 불안, 스트레스, 걱정이 그 결과이다.

이 책이 나오게 된 배경에는 직업적 관심도 있었지만 개인적 관심도 있었다. 나(클라리사)의 과거는 완벽의 욕구를 충족시키는 과정이었다. 마침내 거머쥘 성공이 내가 잃은 모든 것을 보상할 거라 믿으며 완벽주의가 삶을 뭉텅이째 잠식하는 것을 보고만 있었다. 이제 나 자신의 불완전함을 전보다 잘 받아들이게 되었는데도 두려움과 불안감은 여전히 내 안에 남아 있다. 여전히 때로는 완벽주의가 나의 행동을 결정하도록 허용한다. 그럴 때마다 남보다 뛰어나고 싶은 욕망을 외면하는 것이 얼마나 힘든 일인지 새삼 놀라곤 한다.

이 책의 제목을 정할 때에도 얼마나 스트레스를 받았는지 모른다. 그럭저럭 평범한 제목들도 있었고, 그보다 조금 더 독특한 제목도 있었다. 완벽주의의 허상에 관한 책을 쓰면서도 '완벽한' 제목을 찾기 위해 엄청난 시간과 노력을 쏟아붓는 것이 얼마나 아이러니인지…. 결국 늘 우리가 말해왔던 대로 행동했다. '나름' 훌륭한 제목을 선택한 것이다. 완벽주의를 버린다는 것은 일을 망쳤어도 견딜 수 있는 것이며 자신이 인간임을 허락하는 것이다. 우리는 스스로를 온전히 받아들이고, 완벽주의가 요구하는 기준을 다른 방식으로 바라보고, 불가피한 삶의 복잡성을 즐기는 법을 배웠으며 또 여전히 배우고 있다.

우리는 이런 사람들을 위해 이 책을 썼다.

— '있어야 하는' 위치에 도달하지 못한 것에 대한
불안, 스트레스, 걱정의 늪에 빠진 사람

— 완벽주의가 삶을 장악하고 있음을 깨닫게 된 사람

— 대체 왜 집착을 버릴 수 없는지 궁금한 사람

— 나는 부족하고, 쓸모없는 존재이며, 사랑받을
자격이 없다고 마음속 깊이 믿는 사람

— 완벽주의가 지긋지긋하지만 딱히 어떻게 벗어나야
할지 모르는 사람

사실 어쩌면 완벽주의에서 벗어나고자 하는 시도가 두려울 수도 있다. 우리가 만난 수많은 사람들에게 완벽주의는 그들 자신의 소중한 일부였다. 왜 안 그렇겠는가? 때로 완벽주의는 굉장히 도움이 된다. 그것은 명백한 사실이다. 따라서 당신에게 도움이 되는 부분은 유지하면서 새로운 방식으로 완벽주의와 교류하는 방법을 터득하기 바란다.

어쩌면 당신은 이 책을 읽을 '완벽한' 시간을 기다리고 있을지도 모른다. 매뉴얼이나 교재로 여기고 고민의 해결책을 찾을 수 있기를 기대할 수도 있다. 그러나 이 책을 가장 효과적으로 읽는 방법은 한 편의 영화를 감상하듯 편하게 읽는 것이다. 당신을 흥분시키는 대목은 메모하고, 딱히 관련이 없는 것 같은 대목은 대충 넘어가라. 중요한 것을 놓쳤다면 다시 앞으로 돌아가라. 혹은 처음부터 끝까지 한 번을 읽고 나중에 다시 한번 읽어라. 당신에게 도움이 되는 것을 취하고 나머지는 버리는 것이다. 어떤 사례가 유독 공감이 가는 것이 당연하다. 그러니 완벽을 기하기 위해 읽지 말고 충족감을 느끼기 위해 읽어라. 그리고 여기서 배운 것들을 삶에 적용해라.

이 책 곳곳에서 우리는 당신의 반응과 생각을 적을 것을 요구한다. 책을 다 읽고 난 후 되짚어볼 수 있도록 노트에, 컴퓨터 문서에, 혹은 일기장에 적어라. 당신이 어렵사리 터득한 지식이나 깨달음이 이론으로 머물지 않고 실제 삶에 녹아들 수 있게 하기 위함이다. 그러나 결국 선택은 당신 몫이고, 또 하나의 '해야만 하는' 일로 만들지 않길 바란다.

우리는 완벽주의를, 그로 인한 불안, 스트레스, 걱정을, 물고기 무리를 둘러싼 물로 보고 있다. 눈에 보이지 않기 때문에 그 존재를 확실히 인식하기 전에는 어떻게 대응해야 할지 알 수 없다. 존재를 인식하지 못하면 효율적으로 대응하는 건 고사하고 대응 자체가 불가능하다. 대응하지 않으면 다치는데도 말이다. 이 책에서 완벽주의와 그에 따른 원칙, 기준, 판단 같은 것들이 어떻게 작용하며 어떤 고통을 유발하는지 설명함으로써 완벽주의를 선명하게 드러내려 노력했다. 완벽주의를 치료한 우리의 경험과 검증된 치료법에 관한 지식을 바탕으로, 이전보다 노련하게 바다를 헤엄칠 수 있는 기술들도 소개할 것이다.

우리가 바라는 것은 당신이 큰 그림으로 삶을 이해하는 통찰을 회복하고 당신의 힘으로 자신이 소중히 여기는 것들을 선택하는 것이다. 완벽주의는 양자택일의 대상이 아니다. 전적으로 매달리거나, 아니면 완전히 버려야 하는 것이 아니다. 다른 선택지도 있다. 바로 완벽주의와 친구가 되는 것이다. 짜증스럽게 굴 땐 거리를 두고, 삶을 풍요롭게 할 땐 즐겨라. 어느 한쪽으로 치우치지 않는 중도를 찾고 완벽주의가 삶에 어느 정도의 영향력을 행사할지 결정해라. 이것은 긴 여정이다. 어쩌면 멀리 돌아가는 길일 수도 있다. 그러나 아주 작은 것이라도 의미 있는 방향으로 변화를 이루었다면, 그것은 분명한 발전이다.

제 1장

완벽주의,
언제나 지는 게임

———————————————

당신이
완벽주의자가 될 수밖에
없었던 이유

——————

아마도 당신은 눈앞의 결과가 조금이라도 기대에 미치지 못하면 다음번에 그것을 만회하기 위해 두 배 세 배 열심히 노력하는 사람일 것이다. 더 잘하는 것만이 자신을 '**증명**'하는 방법이라 생각할지도 모른다. 그러나 완벽을 추구하는 것이 과연 현명한 투자였을까? 성공하는 것, 일을 망치지 않는 것에 몰두하느라 그보다 더 소중한 것들을 놓치진 않았을까?

완벽주의는 다양한 양상으로 나타난다. 성공, 사랑, 명성, 특권, 인정, 재산, 칭찬 등을 쟁취하려는 것으로 나타날 수 있다. 그 이면의 논리는 "만약 내가 완벽해지면 성공할 수 있을 거야"이거나 혹은 그 말의 변형이다. 당신의 과거 혹은 현재의 이야기가 이렇게 말한다. "완벽하지 않으면 내가 원하는 걸 얻을 수 없어." 완벽주의는 실수를 용납하지 않는 것으로 표출되기도 한다. 이 경우 세상을 바꾸는 것에는 별 관심이 없다. 오직 그 어떤 실수도 하고 싶지 않을 뿐이다. 이렇게 믿을 수도 있다. "만약 일이 틀어지면, 그건 내 잘못이야", "내가 한 실수 때문에 사람들이 날 비난할 거야." 더 나아가 일을 망쳐서 사람들을 실망시킬 것까지 걱정할 수도 있다.

당신의 완벽주의가 어떤 식으로 작동하건, 완벽하기 위해 혹은 실수를 피하기 위해 했거나 하고 있는 행동들은 다양한 방식으로 당신에게 해를 끼친다. 최고가 되기 위해 애쓰는 과정에서 치르게 되는 대가를 정확히 인식해야 한다. 그 대가를 치르는 사람은 다름 아닌 자기 자신이기 때문이다.

완벽주의 게임

완벽을 기하려는 노력 혹은 실수를 피하려는 노력은 일종의 게임이다. 게임에서 당신이 하는 행동들은 게임의 결과로

이어진다. 목표와 결과가 일치하면 게임을 '잘' 하고 있는 것이다. 예를 들면, 캠핑 여행이 순조롭게 진행되도록 많은 시간을 들여 미리 계획했고, 덕분에 실제로 여행이 순조로웠다면 계획이 통한 것이다. 반면 계획을 세웠는데도 여행이 엉망이 되었다면 계획은 효율적이지 못한 것이다. 이 게임에서 이긴다는 것은 비현실적인 목표를 달성하고 그 어떤 실수도 하지 않는 것, 혹은 마침내 이뤄낸 자신의 성취를 흡족해하는 것을 뜻한다.

게임에서 이기려면 일단 게임을 계속해야 한다. 완벽주의가 당신을 향해 끊임없이 빠른 공을 던질 때조차도. 실패에 대한 두려움, 자신의 무능에 대한 수치심, 엉망이 된 집에 대한 스트레스, 다른 사람이 나를 어떻게 생각할지에 대한 걱정, "난 못났어"라는 생각. 이러한 생각과 느낌에 당신은 어떻게 대응하는가? 반격을 가하는 것도 하나의 선택이 될 수 있다. 그래서 일주일에 60시간을 일하고, 보수가 높은 직업을 선택하고, 저택을 사고, 정원을 흠잡을 데 없이 깔끔하게 가꾸고, 완벽한 배우자를 찾고, 좋은 에스프레소 머신을 사기 위해 온라인 리뷰를 끝도 없이 훑는다. 단지 자신이 패배자가 아니고 못난 사람이 아니라는 것을 증명하기 위해서. 게임에서 이기기만 하면 밀려드는 생각과 느낌들이 틀렸음을 확실하게 증명할 수 있다. 결과가 조금이라도 기대에 미치지 못하면 그것을 만회하기 위해 그 다음번에 두 배로 열심히 일한다. 이것이 게임에서 이기는 한 방법이다. 그런데 문제가 있다. 오직 완벽만을 추구하는 전략에는 부작용이 따른다.

— **스트레스** : 스트레스는 근육 긴장, 두통, 불안, 짜증, 이상 식욕(끼니를 거르거나 폭식하는 것 등)으로 표출된다.

— **걱정** : 걱정이 의식을 장악하고 생각이 꼬리에 꼬리를 물어 끊이질 않는다.

— **불안** : 불안이 하루 종일, 잠자리에 들 때까지 쫓아와 한밤중에 깨어 있게 만든다.

지금까지 이 전략을 고수했다는 것은 게임에서 승리할 수만 있다면 이러한 고통은 기꺼이 감수할 수 있다고 은연중에 결론을 내린 것이다. 반면 완벽주의와 맞서 싸우다가 탈진한 나머지 경기장에 드러누워 패배를 인정할 수도 있다. 대학에서 쉬운 전공과목만 선택하고, 승진시험을 미루고, 여행가방의 짐을 풀어 정리하는 대신 똑같은 드라마를 세 번씩 보고, 시한이 닥칠 때까지 일을 미룬다. 완벽주의가 당신의 행동에 그 어떤 트집도 잡을 수 없도록 최소한의 노력을 하며 최소한의 행동만 취하는 것이다. 이제 당신의 전략은 "노력하지 않으면 실패한 것도 아니니까" 혹은 "어차피 완벽할 수도 없는데 뭐 하러 힘을 빼?"가 된다. 그러나 소용없는 일이다. 결국 미루는 습관과 죄책감의 수렁에 갇힐 뿐이고, 둘 중 어느 쪽이건 당신은 지고 만다.

게임의 비용

완벽주의를 일종의 거래로 생각해보자. 무언가를 얻으려면 비용을 치러야 한다. 예를 들면, 내일 기말고사에서 좋은 성적을 얻기 위해 잠을 세 시간밖에 못 자는 비용을 치른다. 빨랫감과 세탁한 옷이 엉망으로 섞인 옷장을 바라보는 불편을 해소하기 위해 가족과 함께 영화 보는 시간을 포기한다. 대외적으로 인정받기 위해 정서적 안정을 포기한다. 선택의 기로에 설 때마다 당신은 이런 식으로 거래해왔다. 때로는 습관에 의해 선택을 한다. "당연히 늦게까지 잠 안 자고 흠잡을 데 없이 완벽한 발표 자료를 만들어야지. 수준 이하의 프레젠테이션을 할 순 없잖아." 때로는 선택이 다소 의도적이다. "이번 파티가 완벽했으면 좋겠어. 그러니까 잠을 좀 설치고 스트레스를 받아도 괜찮아."

안타깝게도 머릿속에서 이루어지는 계산이 종종 현실을 착각하게 만든다. 잠을 안 잔다고 반드시 A학점을 받는 건 아니다. 항상 다음 단계로 넘어갈 걱정만 하다 보니 거래의 부당함은 간과하게 된다. 대학원에서 수년간 열심히 공부했는데도 '잘했다'는 기분이 들지 않는다는 사실을 미처 깨닫기도 전에, 다음 단계를 걱정하며 취업 준비로 스트레스를 받기 시작한다. 가족 여행에서 돌아오자마자 다음 휴가 계획을 짤 걱정을 시작한다. 더구나 의사결정 과정에서 당신이 고려하지 않은 숨겨진 비용이 있다. 수면 부족은 기분에 영향을 주어서 당신을 어울리기 힘든 사람으로 만들고 그로 인해 인간관계의 질이 훼손된다. 파티 준비에 지나치게 몰두하는 모습은 함께 어울려 소소하게 파티를 즐기길 원하는 다른 사람들에게 짜증을 불러일으킬 수 있고, 향후 파티에 초대받지 못하는 비용을 치르게 될 수도 있다. 당신의 정신건강은 단기적으로는 물론이고 향후 몇 달 혹은 몇 년 동안 위태로울 것이다. 이 모든 것들이 게임의 비용으로 들어간다.

지금까지 완벽주의 게임을 하는 것이 어땠는지 잠시 돌아보기 바란다. 시간을 충분히 가지고 이어질 질문에 대한 답을 노트에 적어보아라. 머리가 답하게 하지 마라. 지금껏 살아오면서 당신의 경기 실적에 대한 데이터를 충분히 수집했을 것이다. 수학적 통계와 당신만의 분석법이 생겼을 것이다. 경험을 통해 얻은 지혜에 귀를 기울여라.

1. 게임을 위해 당신이 포기한 것은 무엇인가?

완벽을 추구하는 데 드는 비용을 말하는 것이다. 시간, 에너지, 잠, 인간관계, 자기존중, 꿈, 완벽에 도달하려고 애쓰느라 억눌렀던 자유도 포함된다. 일이 반드시 원하는 방향으로 진행

되어야만 한다는 생각에서 오는 불안, 스트레스, 걱정과 같은 육체적, 정신적 비용도 따져보아라. 머릿속에서 끊임없이 들려오는 소음 때문에 소중한 현재의 순간을 얼마나 많이 놓쳤는가? 불안으로 뒤척이며 불면의 밤을 보낸 다음 날 어떤 기분이 드는가? 남의 비위를 맞추기 위해 당신이 소중히 여기는 것들을 얼마나 많이 양보하는가? 일에만 몰두하는 당신 때문에 사랑하는 사람들로부터 자신은 뒷전으로 밀린 것 같아 화가 난다는 말을 들었을 때 어떤 기분이 드는가? 완벽을 좇느라 육체적, 정신적 건강의 위협을 느낄 때 어떤 신체적 증상이 나타나는가?

2. 게임에서 당신이 얻는 것은 무엇인가?

완벽을 기하고 실수를 피하려 애써서 얻는 보상을 말하는 것이다. 아마도 사람들은 당신이 똑똑하고 매사에 뛰어나다고 생각할 것이다. 어쩌면 당신은 오갈 데 없는 패배자라는 생각을 떨쳐내는 데 성공했을 수도 있다. 이 게임의 이점은 분명히 있다. 얻는 게 전혀 없다면 당신이 그토록 오랫동안 이 게임을 했을 리가 없다. 그 이점이 무엇인지 생각해보기 바란다.

3. 게임에서 승리하기 위해 어떤 노력을 했는가?

도움이 됐건 안 됐건, 완벽주의의 문제를 해결하고, 바로잡고, 극복하기 위해 혹은 대응하기 위해 사용했던 전략들을 생각해보아라. 세세한 것까지 전부 다 적어라. 예를 들면 이런 것들이다. 의지에 호소한다, 동기를 부여하려고 스스로 패배자라고 부른다, 업무를 여러 차례 확인한다, 너무 어려운 일은 피한다, 마지막 순간까지 중요한 일을 미룬다, 지나치게 많은 일을 떠안는다, 거절을 못 한다, 완벽한 토마토 모종을 구하기 위해 화원을 열두 군데 돌아다닌다, 쇼핑 목록을 작성하는 데 몇 시간을 할애한다, 온 세상이 무너지는 것 같을 때에도 괜찮은 척한다…. 당신이 시도했던 전략을 적어도 다섯 가지 이상 적어보아라.

4. 그 모든 전략들이 게임에서 승리하는 데 얼마나 효율적이었나?

전략들의 단기적, 장기적 효율성을 평가해보아라. 단기적 효율성은 한 세트를 이기는 것이고, 장기적 효율성은 한 경기를 이기는 것이다. 스스로에게 정직해라. 완벽주의 게임에서 이기고 완벽을 향한 끝없는 갈망을 멈추는 데에 얼마나 근접했는가? 이긴다는 것은 지금 이대로도 충분히 훌륭하다고 생각하고, 다시는 완벽주의로 인한 불안, 스트레스, 걱정에 시달리지 않는 것이다.

다음 질문들에 답변했다면 완벽주의와 싸우는 것이, 혹은 완벽주의를 추구하는 것이 과연 현명한 투자였는지 생각해보길 바란다. 그 판단의 유일한 기준은 당신의 행복이다. 비용만 고려하지 말고(1번 질문), 이 게임에서 당신이 얻는 것(2번 질문)도 고려해야 한다. 1번 답변과 2번 답변을 비교해보아라. 당신이 받은 보상이 당신이 치른 비용만큼의 가치가 있는 것인가? 이 질문에 당신의 답변을 적어라. 맞는 답도 없고 틀린 답도 없다. 단지 완벽주의를 상대로 그토록 오랜 싸움을 해온 것이 과연 어떤 의미인지 생각해볼 시간을 스스로에게 허용하라는 것이다.

그다음엔 전략의 효율성 평가에 답변한 4번 질문에 관한 당신의 느낌을 적어라. 많은 사람들이 자신들의 전략이 단기적으로는 효율적이지만 장기적으로는 스트레스를 증폭시킨다는 사실을 깨닫게 된다. 그리고 더 나은 장기적인 전략이 필요하다는 결론에 도달한다. 합리적인 분석이다. 훌륭한 선수라면 당연히 그렇게 조언할 것이다. 하지만 이 게임이 당신의 지능, 힘, 인내심의 승부가 아니라면 어떤가? 만약 완벽주의가 해결할 수 있는 문제였다면 아마도 지금쯤 해결책을 찾았을 것이다(3번에 적어놓은 전략들의 목록을 확인해보기 바란다). 추측건대, 당신은 완벽주의적 성향(그 말이 당신에게 어떤 의미이든 간에)을 어떻게든 고쳐보고 싶을 것이다. 그러기 위해 이미 엄청난 시간과 에너지를 소모했을 것이다. 문제는 당신의 재능이나 노력이 부족한 게 아니라는 점이다. 이것이 애초에 이길 수 없는 게임이라면 어떤가?

이제 한 걸음 더 나아가 효율성을 떠나서 생각해보자. 그 전략들이 삶을 더 사랑하게 만들었는가? 원하는 감정을 느끼게 해주었는가? 당신을 더 가까이하고 싶은 사람으로 만들었는가? 다음의 몇 가지 질문에 대한 답변을 노트에 적어보아라.

— 1년 전보다 삶에 더 만족하는가?

— 삶이 원하는 방식대로 흘러가는가?

— 불안, 스트레스, 걱정에 지배되는 삶은 추구할 가치가 있는가?

— 만약 이 게임이 삶을 통제하도록 방치한다면 앞으로 어떤 일이 일어날 것인가?

시간을 갖고 답변을 생각해보기 바란다. 이 답변이 중요한 이유는 바로 우리가 완벽주의를 치료하고자 하는 이유이기 때문이다. 결코 두려움을 조장하려는 것이 아님을 분명히 밝혀둔다. 완벽주의 게임을 하면서 충분히 만족감을 느낀다면 당연히 하던 대로 계속하면 된다. 그러나 그렇지 않다면 당신의 삶이 지금 이대로 좋은지 솔직해지기 바란다. 진정한 의미의 행복을 누리고 있는가? 언제나 미소를 머금고 웃고 있는지를 묻는 게 아니다. 힘든 나날을 보내고 있거나 시련에 부딪쳤을 때조차도 가습이 뿌듯하고 영혼이 충만하다고 느끼는지를 묻는 것이다. 미래의 어느 시점에서는 삶을 즐길 수 있으리라 생각하고 있다면 앞으로 얼마나 더 기다릴 생각인가? 또 지금까지 얼마나 오래 기다렸는가?

우리가 상담했던 내담자들의 이야기를 바탕으로 추측해보면 그 게임이 지속될수록 오히려 일에 뒤처져서 아예 포기하게 되거나, 어느 순간 삶을 되돌아보니 대체로 불행했음을 깨닫거나, 항상 최적의 조건을 갖추려 늘 무언가를 계획하느라 막상 현재의 삶을 즐기지 못하거나, 동료들보다 몇 배 더 일하다 탈진하게 되거나, 의미 있는 일보다는 그저 쉽고 그럭저럭 감당할 수 있을 것 같은 일을 선택하거나, 당신의 기대에 미치지 못한다는 이유로 건설적인 인간관계마저 일부러 파괴하게 된다고 한다. 당신도 알고 있을 것이다. 당신이 겪는 고통은 완벽주의로 얻는 이득보다 크다. 당신에겐 단순히 성공하는 것보다, 혹은 일을 망치지 않는 것보다 더 소중한 것들이 있을 것이다. 경기장 밖에도 많은 일들이 당신을 기다리고 있다는 것을 기억하기 바란다. 그럼에도 당신의 모든 자원을 왜 이 게임에 계속 쏟아붓는가? 이제 완벽주의의 비용과 이득, 그리고 효율성에 대한 명확한 인식을 바탕으로 완벽하고자 하는 욕구의 근원이 무엇인지 살펴보겠다.

완벽주의의 뿌리

실수를 저지르는 것이, 불확실성을 감수하는 것이, 기필코 원하는 방식으로만 일을 진행하려는 욕구를 내려놓는 것이 당신에겐 왜 그토록 어려운가? 아마도 불가능한 목표에 도달하지 못한 자신의 무능에 끊임없이 스트레스를 받기로 결정한 적도 없고, 작은 실수에도 스스로를 몰아세우기로 결정한 적도 없을 것이다. 완벽주의는 대체 어디에서 왔으며 언제부터 당신의 삶을 장악하기 시작했을까?

완벽주의는 성장과정에 뿌리를 두고 있다. 아마도 당신은 기대 수준이 높은 어른들 틈에서 자랐을 것이고, 그들은 기대에 부응할 때에만 당신을 인정해주었을 것이다. 학교 성적이 좋을 때에만, 혹은 부모가 원하는 친구들을 사귀었을 경우에만 칭찬을 들었을 것이다. 당신을 위해 준비된 틀에 맞추거나 그 이상을 해내야만 애정을 획득할 수 있다는 현실을 터득했을 것이다. 좋아하는 일을 하는 것만으로는 모든 인간이 근본적으로 원하는 것, 바로 사회적 인정을 획득할 수 없다는 것을 일찌감치 깨달았을 것이다. 반면 작은 실수들은 부각되거나 비난받았을 것이고, 그래서 극도로 주의를 기울이게 되었을 것이다. 완벽하거나 절대 실수하지 않아야 사랑받을 수 있다는 것을 배웠을 것이다. 똑똑한 당신은 아마도 있는 그대로의 모습으로는 사랑받을 수 없다는 결론에 도달했을 것이다.

　　어쩌면 양육자들은 당신이 어떤 대가를 치르더라도 성공하기를 바랐을지도 모른다. 그들은 더 잘하고 더 노력해야만 행복한 삶을 누릴 자격이 있다고 믿어 당신이 무언가를 달성할 때마다 더 많은 걸 원했을 것이다. 당신이 학교 연극 공연에서 배역을 따내면 왜 주인공이 아니냐고 물었을 것이다. 첫 바이올린 연주를 마쳤을 때 박자를 놓치면 안 된다고 말했을 것이다. 가까스로 포핸드 기술을 습득하면 이제 백핸드를 연습할 때라고 부추겼을 것이다. 어린 시절과 청소년기에 더 잘할 수 있고 더 잘해야만 한다는 말을 반복해서 들으며 자랐다면 아마도 여전히 마음속 깊은 곳에서 당신이 부족하다고 느끼고 있을 것이다. 어떻게 안 그러겠는가? 부족하다고 느끼지 않을 유일한 방법은 완벽해지는 것뿐인데. 완벽해지는 순간 더 나아질 필요도, 마침내 더 이상 애쓸 필요도 없어질 테니까 말이다.

　　그러나 어쩌면 당신은 이미 완벽했을지도 모른다. 당신은 오래달리기 경주에서 우승했고, 전 과목 A를 받았고, 모든 면에서 훌륭한 학생이었을 것이다. 완벽하게 해내는 것에 익숙했고 칭찬, 인기, 자부심과 같은 보상에도 익숙했을 것이다. 그러다 어느 순간 완벽에 도달하기 힘들어지는 시점에 이르렀을 것이다. 동기들이 더 똑똑해졌고 과제는 더 복잡해졌을 것이다. 그리고 삶은 더 많은 것을 요구했을 것이다. 그 순간 당신은 스스로 생각했던 것처럼, 혹은 사람들이 말했던 것처럼 그다지 뛰어난 사람이 아니란 걸 깨달았을 것이다. 예전처럼 열심히 노력해도 최고가 되지 못하리란 걸 알았을 것이다. 그렇다면 뭐 하러 애를 쓰겠는가? 어차피 완벽하지 않으면 아무것도 아닌데. 노력하다 실패하는 건 노력하지 않고 실패하는 것보다 훨씬 더 수치스럽기 때문에 어느 순간부터 안전한 길을 택하고 애쓰기를 멈추었다.

누구에게나 완벽주의가 뿌리를 내리고 삶 깊숙이 파고들게 된 그들만의 사연이 있다. 앞서 설명한 것과 전혀 다른 사연일 수도 있다. 그러나 어떤 사연이건 완벽함은 격려되고 보상받는 반면, 완벽에 미치지 못하는 것은 못마땅해하거나 처벌받았을 확률이 높다. 그것이야말로 완벽주의적 세계관의 핵심 요소이다. 당신만의 고유한 사연을 생각해보기 바란다. 완벽하고자 하는 욕구의 뿌리는 어떻게 생겼는가? 완벽주의는 오늘날 당신의 삶에 어떻게 파고들었는가? 당신만의 완벽주의 이야기를 노트에 적어보아라.

완벽이라는 신기루

완벽은 실체가 있는 것이라기보다는 추상적인 개념이다. 완벽에 도달하는 것이 이룰 수 있는 목표라면 이루려고 노력하는 것이 옳겠지만, 그렇지 않다. 완벽의 문제점은 그 어떤 것도 충분히 훌륭하지 않다고 보는 데 있다. 현실 세계에서는 언제나 결함, 실수, 실책이 있기 마련이다. 게다가 완벽의 정의 자체도 끊임없이 변한다. 처음 일을 시작할 때 생각했던 완벽이라는 개념은 막상 그곳에 도달하면 달라진다. 따라서 완벽을 추구한다는 것은 마치 존재하지 않는 신기루를 좇는 것과 같다. 아무리 빨리 달려도 결코 잡을 수 없다. 마치 당신과 게임을 하는 상대가 당신이 앞설 때마다 게임의 규칙을 바꾸는 것과 같다. 불공평하고 사람을 지치게 만드는 게임이다.

완벽주의의 변덕은 고통을 유발한다. 원대한 목표를 달성했던 순간을 떠올려보아라. 처음에 당신이 설정한 그 목표는 세상에서 가장 특별하고, 똑똑하고, 강인한 사람만이 달성할 수 있는 것처럼 보인다. 나는 감히 달성할 수 없을 거라 여긴다. 목표는 장학금일 수도, 직장일 수도 있으며, 턱걸이 기록일 수도 있다. 당신은 그 목표를 달성하기 위해 열심히 노력한다. 그 목표만 달성하면 그동안 갈구했던 인정과 보상을 받게 되리라 생각한다. 어쩌면 자신이 가치 있는 존재임을 확실히 증명할 수 있는 기회라고 생각했을지도 모른다.

그런데 마침내 그 목표를 달성했을 때 어떤 일이 벌어졌는가? 예정대로 그 게임에서 이겼는가? 아니면 규칙이 바뀌었는가? "내가 해냈어! 난 정말 대단해!"라고 말했는가? 아니면 곧바로 "그게 뭐가 대단한 일이라고"라며 당신의 성취를 폄하하고 트

집을 잡기 시작했는가? 완벽이라는 것은 좇아야 한다고 주입된 하나의 신기루일 뿐이며, 당신은 자꾸만 그것에 속아 결코 이길 수 없는 게임에 휘말리고 있다. 이것이 진실이다.

당신이 진정 원하는 것

게임에서 이기는 것 말고도 중요한 것들이 있다. 사회가, 혹은 동료들이, 혹은 상사가 당신에게 기대하는 것과 당신이 하고 싶은 것 사이에서 갈등해본 적이 단 한 번이라도 있다면 직관적으로 그 대답을 알 것이다. 아마도 당신은 방과 후에 친구들과 어울리는 대신 피아노 학원에 등록했을 것이다. 예술사 대신 생물학을 들었을 것이다. 교회 행사에 쓸 컵케이크를 만들겠다고 이번에도 손을 들었을 것이다. 직원들의 복리후생을 최우선으로 여기는 회사 대신 이름난 회사에 들어갔을 것이다. 서른 살에 이혼하는 것을 피하기 위해 결혼생활을 유지했을 것이다.

언제나 남을 기쁘게 하려 애쓰며 살다 보니 외부에서 주입된 것과 별개로 자신이 진정 원하는 것이 무엇인지 알지 못한다. 자신이 필요로 하고 원하는 것을 한 번도 생각해본 적이 없기 때문이다. 결국 지금까지 당신이 인정받았던 것은, 당신이 필요로 하고 원하는 것을 찾고 추구했기 때문은 아니었다. 오히려 그와 반대로 다른 사람들의 기대에 부응하고 그들의 기대에 맞추어 산 덕분에 그나마 인정받았다. 이 점을 잘 생각해보기 바란다. 당신은 자신의 욕구를 희생시키고 다른 사람의 욕구를 우선시하도록 훈련되었다. 아주 오랜 세월 그렇게 살아서 이제 거의 아무 생각 없이 타인의 욕구에 맞춰 살기에 이르렀다. 그러니 당연히 주말 일정을 포기하면서도 친구 집에 가서 고양이를 돌봐줄 것이다. 10년 동안 만난 적도 없는 사람들 50명을 당연히 당신의 결혼식에 초대할 것이다. 그렇게 기꺼이 당신의 욕구를 습관적으로 제쳐둔다. 이런 결정들은 거의 무의식적으로 이루어져서 다른 사람들에게 호감을 사고 인정받기 위함이라는 사실조차 애초에 인식하지 못할 것이다.

시험 삼아 한번 해보길 바란다. 맞추어야 하는 모든 기준들을 내려놓아라. 사람들이 원하는 것, 기대하는 것들을 전부 다 내려놓아라. 당신은 이미 완벽하고 더 이상 아무것도 증명할 필요가 없다. 오직 자신에게만 충실할 수 있다면 살아 있는 동안 주어진 시간을 어디에 쓰고 싶은가? 사람들과 깊은 관계를 맺을 수도 있을 것이고, 환경문제에 도움이 될 긍정적인 영향을 실천할 수도 있을 것이고, 넓은 세상을, 도시와 문화를 탐험해볼 수도 있을 것이다. 새로운 생명을 낳을 수도 있고, 아이들이 아장거리며 걷는 것을, 넘어지는 것을, 그리고 다시 일어서는 것을 지켜볼 수도 있을 것이다. 머릿속에 떠오르는 것을 노트에 적어보아라.

당신이 원하는 일을 생각해보는 동안 마음속을 기쁨과

따스함으로 채우는 한 장면을 떠올려보아라. 그리고 다음의 질문에 답해보자.

— 당신은 어디에 있는가?

— 당신 곁에 누가 있는가?

— 당신은 무얼 하고 있는가?

— 당신은 어떤 감정을 느끼는가?

— 당신은 무엇을 보고 듣는가?

— 마지막으로 그 장면은 현재 당신이 추구하는 완벽한 상태와 얼마나 일치하는가?

절대 실수하지 않고, 유능하며, 사람들이 좋아하는 사람이 되기 위해 애쓰는 과정에서 당신은 소중한 시간과 에너지를 투자했다. 이 거래의 문제는 시간과 에너지를 투자했어도 결코 더 완벽해지거나 더 만족스러워지지 않는다는 것이다. 기쁨과 따스함을 느낄 틈이 없다. 그러나 이러한 결과가 딱히 명백하게 드러나는 건 아니어서 당신은 계속 완벽주의 게임에서 어떻게든 이겨보려 애쓴다. 성장과정과 사회적 규범이 계속 완벽주의 게임을 하라고 압박하는 것도 사실이다.

어쩌면 이기기 위해 노력하는 것이야말로 당신이 원하는 일이라고 스스로를 설득했을지도 모른다. 조작된 게임에 옴짝달싹 못 하게 끼어버려서 할 수 있는 유일한 선택은 계속 이기려 애쓰거나 패배를 받아들이는 것 둘 중 하나뿐이라고 믿고 있을지도 모른다. 우리는 동의할 수 없다. 지금부터 완벽주의를 어떻게 다루어야 하는지 알아보기 전에, 먼저 그 긴 세월 동안 당신이 맞서 싸웠지만 결코 이길 수 없었던 괴물의 눈을 똑바로 쳐다보고 대면해보려 한다.

제 2 장

성공을 향해
나아간다는 착각

적응적 완벽주의
vs 부적응적 완벽주의

적응적 완벽주의는 성취를
위해 노력하는 반면, **'부적응적'**
완벽주의는 실패를 피하기 위해
노력한다. 부적응적 완벽주의는
모순을 안고 있다. 스스로 정해놓은
기준에 도달했어도 성공으로 치지
않는다. 도달할 수 있었다면,
애초에 너무 쉬운 목표였기
때문이다. 결국 죄책감, 번아웃,
회피로 이어지고 만다.

완벽주의 게임을 하는 한 당신은 언제나 잃는 쪽이다. 사랑하는 사람과 함께 있을 기회를 잃고, 불확실성이 내포된 모험에 뛰어들 기회를 잃고, 완벽주의의 틀을 뛰어넘어 내면에 숨겨진 잠재력을 발견할 기회를 잃는다. 완벽주의 렌즈는 당신이 보는 모든 것에 색을 입힌다. 더 잘해야 하고 실수해선 안 된다는 완벽주의의 영향권을 벗어난 공간을 상상하는 것 자체가 어렵다. 따라서 세상을 바라보는 렌즈 자체를 찬찬히 살펴보는 게 중요하다. 완벽주의가 지배하지 않는 삶을 볼 수만 있다면 어디로 가야할지 한결 명확하게 인식할 수 있을 테니까. 기술과 전략을 논하기 앞서 가장 먼저 해야 할 일은 완벽주의가 어떤 식으로 작동하는지 이해함으로써 삶에 완벽주의가 등장하는 순간을 알아차리는 것이다.

완벽주의의 정의

완벽주의는 넓은 의미로는 높은 기준과 기대에 부응하기 위해 노력하는 것을 일컫는 말이다. 대부분의 사람들은 '과잉성취자'를 완벽주의의 전형으로 생각한다. 그러나 완벽주의는 과잉성취보다 다소 복잡한 개념이며 다양한 양상으로 표출된다. 흰색과 아이보리색 중 하나를 결정하지 못해 한 달째 페인트칠을 방치하는 이웃, 일이 계획했던 대로 풀리지 않으면 넋이 나가는 친구, 작업실에서 긴 시간 일하는데도 아무것도 창작하지 못하는 예술가, 실제 연구를 실행하는 것보다 계획하는 데 더 많은 시간을 소요하는 대학원생 이들 모두가 완벽주의자일 수 있다.

완벽주의에는 두 가지 유형이 있다. '적응적' 완벽주의와 '부적응적' 완벽주의로 구분할 수 있다. 적응적 완벽주의자는 보람 있고 의미 있는 성취를 위해 노력하는 유형을 말한다. 그들의 성취는 스스로가 생각하는 행복, 삶의 만족, 성실성과 같은 긍정적인 결과물과 연결되어 있다. 적응적 완벽주의자들은 고도로 생산적이면서도 탈진하지 않는다. 그들은 이런 삶의 방식을 좋아하고, 이 방식은 그들에게 자연스럽다.

반면 부적응적 완벽주의는 자기비판, 비현실적으로 높은 기준에 대한 집요한 추구, 기준에 도달하지 못할 때의 고통, 도달했을 때의 불만족 같은 특징을 지니고 있다. 부적응적 완벽주의에 우울, 강박장애, 섭식장애, 불안장애 같은 심리상태가 수반되는 것은 놀라운 일이 아니다. 그 외에도 일상적 스트레스와 부정적인 기분과도 연관성을 보인다. 이러한 연관성은 어느 문화권에서나 나타나며 부적응적 완벽주의가 문화를 초월하여 나타나는 현상임을 알 수 있다. 부적응적 완벽주의는 모순적이게도 달성하고자 하는 바로 그 목표를 훼손한다. 성공일 수도 있고, 행복일 수도 있으며, 생산성일 수도 있는 목표 말이다.

어쩌면 이미 본인에게 부적응적 완벽주의의 모습을 발

견했을 수도 있다. 만약 그렇다면 지금 하고 있는 일을 거의 즐기지 못할 확률이 높다. 늘 스스로를 질책하기 때문에 당신이 하는 일은 매번 스트레스를 유발할 것이다. 어떤 결과가 나와도 만족하지 못하기 때문에 막상 일을 끝내도 실망할 것이다. 반대로 너무 높은 기준에 완전히 압도당한 나머지 한 걸음을 떼는 것조차 힘들 수도 있다. 괜히 발을 잘못 내디뎠다가 실패하고 싶지 않아서 아예 움직이지 않는 것이다. 잘 모르는 사람의 눈엔 의욕 없는 사람, 게으른 사람처럼 보일 수 있다. 부적응적 완벽주의는 당신을 공회전하게 만들고 삶을 방해한다.

적응적 완벽주의와 부적응적 완벽주의에는 분명한 세 가지 차이점이 있다.

다가간다 vs 피한다

적응적 완벽주의와 부적응적 완벽주의는 행동 이면의 '논리'에 따라, 혹은 행동의 '기능'에 따라 갈린다. 말하자면 노력하게 만드는 동기가 무엇이냐의 문제다. 적응적 완벽주의의 경우 바람직한 결과에 '다가가는' 것(긍정적 강화)이 동기인 반면, 부적응적 완벽주의는 바람직하지 않은 결과를 '회피하거나 탈피하는' 것(부정적 강화)이 동기이다. 긍정적 강화는 당근인 반면 부정적 강화는 채찍인 것이다.

당신은 보상을 얻기 위해 행동하는가, 나쁜 결과를 피하기 위해 행동하는가? 예를 들면 주어진 과제를 반드시 제시간에 끝내는 사람은 적응적 완벽주의자일 수도 있고 부적응적 완벽주의자일 수도 있다. 만약 제시간에 일을 끝내는 것이 의미 있는 일을 해냈다는 데서 오는 만족감 때문이라면 적응적 완벽주의자다. 그러나 상사로부터 부정적인 평가를 받는 것을 피하기 위해서라면 부적응적 완벽주의자다. 교통체증을 피할 수 있는 최적의 시간이 언제인지 판단이 서지 않아서 1시 도착 비행기를 탈지, 3시 30분 도착 비행기를 탈지 몇 시간째 고민 중이라면 부적응적 완벽주의자다. 잘못된 선택을 하는 상황을 피하려 애쓰기 때문이다. 바람직하지 않은 결과는 취업 면접을 망치는 것처럼 현실적인 결과로 드러날 수도 있지만, 자신이 어딘가 부족하다고 느끼는 내면의 상태일 수도 있다. 일반적으로 적응적 완벽주의자는 충족감을 주는 성취를 위해 노력하는 반면, 부적응적 완벽주의자는 실패를 피하기 위해 노력한다.

과정 vs 결과

완벽주의는 과정 중심이거나 결과 중심이다. 과정 중심의 완벽주의는 적응적 완벽주의와 포개어지는데, 일하는 과정 자체를 즐기고 결과와 상관없이 과정에서 의미를 찾는다. 질척한 페이스트리와 퍽퍽한 스펀지케이크를 만들고 난 뒤에도 계속 빵을 굽는 야심 찬 제빵사가 여기에 해당된다. 결과 중심 완벽주의자는 오직 결과만을 중시하기에 완벽하지 않은 결과가 그간의 모든 노력을 무효화한다.

과정과 결과의 차이는 중요하다. 왜냐하면 우리는 행동의 결과보다 행동 자체와 행동하는 방식, 즉 과정에 더 많은 통제권을 갖고 있기 때문이다. 결과를 성공의 척도로 생각한다면 성공은 당신의 통제권 밖에 있다. 그러나 특정한 목표에 다가가는 과정이나 방식을 성공의 척도로 삼는다면 성공은 통제할 수 있는 대상이 된다. 둘 중 어느 쪽에 더 많은 통제권을 가지고 있겠는가? 호기심을 품고 배우는 것인가, 아니면 모든 테스트에서 A를 받는 것인가? 아이의 첫 번째 생일 파티에 온전히 집중하는 것인가, 아니면 참석자 모두가 즐거운 시간을 보냈는지의 여부인가? 진솔한 자신의 모습으로 살아가는 것인가, 아니면 모두가 당신을 좋아하게 만드는 것인가?

결과에 집중하려 할 때 생기는 문제는 조금만 노력하면 잡을 수 있을 것 같은데 잡히지 않는 것을 잡으려 애쓰는 기분이 든다는 데 있다. 한마디로 '거의'의 늪에서 허우적거리는 것이다. 저녁식사는 거의 완벽했다, 완두콩을 태우지만 않았으면. 지난 한 주는 거의 완벽했다, 화요일에 요가 수업을 빼먹지만 않았으면. 완벽에 근접한 것 같은 느낌은 상당히 위험하다. 원하는 결과가 손 닿을 거리에 있는 것 같은 착각을 불러일으키기 때문이다. 그와 반대로 과정에 집중하게 되면 일 자체에서 즐거움을 느끼고 더 잘해야 한다는 부담을 내려놓을 수 있다. '과정'의 공간에 머물 때 비로소 자기 자신이 될 수 있다.

편안한 관계 vs 의무적 관계

적응적 완벽주의와 부적응적 완벽주의는 기준을 대하는 방식에 있어서도 다르다. 야망을 이루지 못했을 때도 자신에게 너그럽다면 적응적 완벽주의자일 확률이 높다. 높은 기준과 편안한 관계를 맺고 있다고 볼 수 있기 때문이다. 그 기준이 삶에 긍정적으로 작용할 땐 존중하고, 그렇지 않은 경우엔 무시한다. 그 기준을 달성하는 것을 의무로 여기지 않는다. 또한 기준을 달성하는 데 필요한 능력에 현실적인 감각을 지니고 있으며 자신의 한계 또한 받아들인다. 그래서 목표를 높게 세우지만 설령 목표를 달성하지 못해도 노력한 것에 만족한다. 다시 말해 적응적 완벽주의자들은 일을 망쳤을 때 스스로에게 좀 더 관대하다.

반대로 자신이 세운 기준에 유연하지 않고 그 기준에 도달하는지 여부에 따라 스스로의 가치를 결정한다면 부적응적 완벽주의자다. 이 경우 높은 기준과 의무적인 관계를 맺고 있으며 과하게 몰입하고 극도로 민감하게 반응한다. 부적응적 완벽주의자들에게 실패는 견딜 수 없는 일이며 엄청난 수치심과 죄책감을 유발한다. 그야말로 암울한 삶이다.

부적응적 완벽주의자의 이해

예상대로 이 책은 부적응적 완벽주의에 집중하고 있으며 이에 대해 좀 더 구체적으로 설명해보려고 한다. 첫 번째 알아야 할 것은 부적응적 완벽주의의 중심에는 혹독한 자기비판이 도사리고 있다는 점이다. 혹독한 자기비판이란 그 누구에게도 한 적 없는, 오직 자기 자신에게만 퍼붓는 비판을 뜻한다.

— "넌 결코 잘할 수 없어."

— "있는 그대로의 널 받아줄 사람은 없어."

— "넌 지금도 앞으로도 언제나 실패자일 거야."

— "넌 문제가 있고 네가 무슨 짓을 해도 그 사실을 바꿀 순 없어."

자기비판은 마치 무한 재생되는 인공지능 플레이리스트처럼 가장 깊은 내면의 불안을 학습하며 점점 더 악랄해진다. 선택적으로 증거를 수집해서 당신이 지금도 충분히 잘하고 있다는 증거는 배제하고, 얼마나 쓸모없는 인간인지에 대한 '진실'로 고

43

문한다. 자기비판을 우리에게 덤비는 다섯 살짜리 아이 정도로 가볍게 다룬다면 별문제가 아닐 수 있다. 그러나 자기비판을 진실로 받아들이면 상당한 정신적 스트레스를 유발한다(자세한 내용은 제5장 '자기비판의 현실' 참조).

부적응적 완벽주의의 두 번째 특징은 원칙, 기대, 기준을 엄수한다는 점이다.

— 항상 옳은 선택을 해야만 한다.

— 흠잡을 데 없이 완벽해야만 일을 넘긴다.

— 실수한다는 것은 곧 패배자임을 의미한다.

— 올바른 결정인 것이 확실할 때에만 행동을 취한다.

— 모든 일을 다 잘해야만 한다.

엄수한다는 것은 무슨 수를 써서라도, 끼니를 거르고, 잠을 줄이고, 가족과 함께하는 시간, 데이트, 운동, 취미생활을 희생시켜서라도 모든 원칙을 지키고 기준에 맞춘다는 뜻이다. 원칙이나 기대에서 조금이라도 벗어나는 것은 곧 무능하고, 한심하며, 모자란 사람이라는 뜻이다. 원칙과 기준을 엄수하는 태도의 문제는 아무리 노력해도 결코 이길 수 없다는 것이다. 사실 당신은 오직 질 뿐이다. 기준과 기대는 지나치게 높게 설정되어 있고 실수의 허용 범위는 터무니없을 정도로 좁다. 상대는 중무장을 했고 당신은 불리하고 고통스러운 전투에 갇혀 있다.

부적응적 완벽주의의 세 번째 특징은 기준이 지극히 주관적이어서 그 기준을 맞추었는지 판단하기 어렵다는 것이다. 그 주관성을 자신이 실패했음을 납득시키는 데에 이용하곤 한다. 시한을 맞춘 것만으로는 충분치 않다, 더 빨리 끝낼 수도 있었으니까. 훌륭한 평가를 받았지만 그렇다고 내가 잘했다는 뜻은 아니다, 사람들이 그저 듣기 좋으라고 한 말이니까. 완벽주의자는 스스로 정해놓은 기준에 도달했어도 그것을 성공으로 치지 않는다. 도달할 수 있었다면 그 목표는 애초부터 너무 쉬운 목표였기 때문이다.

어떤 일을 성공적으로 끝내기 위해 노력했던 적이 있다면 당신이 성공을 어떻게 조작했는지 돌이켜보기 바란다. 목표를 달성하는 것에 견고한 객관적 기준이 있었는가? 아니면 자신이 만족감을 느껴야 한다는 독단적 기준이었는가? 성공의 정의가 수시로 변하고 규칙이 끊임없이 달라진다면 아무리 잘해도 당신은 결코 이길 수 없다.

완벽주의 행동의 예

완벽주의는 그 의도와 목적(말하자면 기능)에 의해 정의된다. 따라서 특정한 행동으로 완벽주의 전체를 설명할 수는 없다. 능력을 증명하기 위해 행동하는 것, 실수를 피하기 위해 노력하는 것, 성공을 위한 원칙을 따르는 것, 비현실적인 기대에 부응하려는 것이라면 어떤 행동이든 완벽주의적 행동일 수 있다. 여러 방면에서 뛰어난 능력을 발휘하고, 작은 것 하나하나에 과도하게 주의를 기울이고, 기괴할 정도로 계획적이며, 극도로 효율적인 사람은 완벽주의자의 한 유형이다. 시한에 맞추어 주어진 과제를 훌륭하게 제출하지만 그러기 위해 장을 보거나, 운동을 하거나, 동생의 생일 파티에 가지 않는 사람도 또 다른 유형의 완벽주의자다. 항상 지각하고, 집 안이 엉망이고, 할 일을 전부 미루고, 늘 주의가 산만한 사람 역시 마찬가지다. 겉으로 드러나는 모습은 다르지만 그들 모두가 완벽주의의 기능에 부합한다.

반면 유사해 보이는 행동이라도 그 기능은 다를 수 있다. 예를 들면, 미루는 행동이 진공청소기를 돌리는 것보다 월드 오브 워크래프트의 레벨을 올리는 것에 더 관심이 있어서일 수도 있고(완벽주의 아님), '옳은' 결정을 해야 한다는 생각에 사로잡혀 결정을 내리지 못하는 것(완벽주의임)일 수도 있다. 후자의 경우에는 옳은 결정이라는 확신이 들 때까지 결정을 내리지 못한다.

완벽주의적 지연을 유발하는 또 다른 원칙은 일을 제대로 하는 방법을 알기 전에는 일을 시작하지 않는 것이다. 이 경우 역시 실제로 부딪쳐보지 않으면 그 일을 완벽하게 해내는 방법 또한 확실히 알 수 없기 때문에 무얼 해야 할지 모르는 답보 상태로 계속 머물러 있게 된다. 일을 제대로 해야 한다는 중압감과 무엇이 제대로 된 선택인지 모르겠다는 혼란으로 눈앞의 상황들이 위압적으로 느껴진다. 이러한 인지적, 정서적 걸림돌 때문에 시한이 정해지지 않은 일을 몇 년씩 미루기도 한다. 벽지를 바르는 일일 수도 있고, 창고에 있는 고장 난 자전거를 수리하는 일일 수도 있고, 새로 이사한 도시에서 새 주치의를 찾는 일일 수도 있다.

완벽주의는 다양한 형태로 나타나기 때문에 기능을 중심으로 정의하는 편이 더 쉽다. 행동 이면의 논리와 기능을 알아차리는 것에 익숙해진다면 행복을 위해 행동을 바꾸어야 할 시기와 방법을 알 수 있을 것이다. 우리가 변화를 기대하는 부분은 행동 자체가 아니라 그 행동을 하는 이유이다. 이 책을 다 읽고 난 뒤에도 타인이 보기에 당신의 삶은 여전히 똑같을 수도 있다. 그러나 당신이 여전히 폴더를 날짜별로 정리하고, 책을 알파벳순으로 정리하고, 휴가 기간에 일을 하더라도 그것이 당신이 정해 놓은 원칙이 그래야만 한다고 말해서가 아니라 그 행동 자체에 목적이 있어서이길 바란다.

이 장에서 우리는 완벽주의의 두 가지 유형인 적응적 완벽주의와 부적응적 완벽주의를 설명했다. 적응적 완벽주의는 삶의 보람과 의미를 주는 방식으로 나타난다. 이것은 많은 사람들이 부러워하는 완벽주의 유형이며 자신의 우수함을 즐기는 것처럼 보이는 고성취자들을 양산한다. 반면 부적응적 완벽주의는 혹독할 뿐 아니라 지속 불가능하다. 자기비판, 자기의심, 불안, 스트레스, 걱정, 죄책감, 수치심, 그리고 우울을 양산한다. 부적응적 완벽주의는 도달 불가능한 기대로 자신을 옭아매고 결과적으로 번아웃, 회피, 미루는 습관을 낳는다. 부적응적 완벽주의는 모순을 안고 있다. 아무리 애를 써도 여전히 패배자인 것 같은 기분이 든다. 기준이 너무 높거나 끊임없이 수정되기 때문이고, 그렇다고 포기하면 자동적으로 패배자가 되기 때문이다.

부적응적 완벽주의로 인한 고통, 회피, 헛된 노력이 바로 우리가 이 책을 통해 바꾸고자 하는 부분이다. 다음 장에서는 완벽주의의 소용돌이를 헤치고 나아가 삶의 주도권을 되찾는 데 도움이 되는 기술들을 소개하려 한다. 먼저 이래라저래라 명령하는 완벽주의의 소음을 알아차리는 기술부터 배워보자.

제 3 장

두려움을
다루는 법

내가 만든 원칙이
내 발목을 잡을 때

상사에게 일상적으로 보내는 메일에
얼마나 시간을 들이는가? 당신이
완벽주의자라면 맞춤법이 틀리지
않았는지, 표현이 어색하지 않은지
여러 번 읽고 또 읽을 것이다. 하지만
상사는 그 메일을 읽는 데 5초
이상 할애하지 않는다. 완벽주의를
벗어나지 못하는 가장 강력한
이유는 '원칙' 때문이다. 지키지
않아도 아무도 신경 쓰지 않고,
아무 일도 일어나지 않을 본인만의
원칙들이 스스로를 옭아매도록
방치한다.

완벽주의는 사람의 진을 뺀다. 우리는 내담자들로부터 온갖 스트레스, 불안, 공포, 걱정, '만약'들, 최악의 시나리오들을 익히 들어왔다. 그것들을 떨쳐버리도록 돕는 것이 우리가 할 일인데도 때로는 그들의 걱정에 덩달아 빠져들곤 한다. "이건 반드시 해결해야만 하는 문제야"라고 완벽주의가 말한다. 어쩌면 당신도 많이 듣던 말일 수도 있다. 별로 중요하지 않은 다른 걱정이라면 제쳐두겠지만 '이것만큼은' 그럴 수 없지 않은가. 이 문제만큼은 진짜 결과가 심각하고, 이 문제만큼은 반드시 해결해야만 한다는 생각이 든다. 궁지에 몰린 것 같은 기분이 든다면, 이미 셀 수 없을 정도로 여러 개의 접시를 돌리고 있는데 세상이 자꾸만 당신에게 접시를 던지고 또 던지는 것 같다면, 온갖 만일의 사태에 대비하기 위해 여러 개의 시나리오를 쓰고 있다면, 당신은 완벽주의에 휘둘리고 있는 것일 수 있다.

"걱정 좀 그만해"가 나쁜 충고인 이유

그럴 수만 있다면, 아무것도 신경 쓰지 않고 아무것도 걱정하지 않을 수 있다면 참 편할 것이다. 그럴 수만 있다면 원하는 직장을 영영 구할 수 없을까 봐, 결코 성공할 수 없을까 봐, 누구에게도 사랑받지 못할까 봐, 돌이킬 수 없는 실수를 저지를까 봐 같은 일어나지 않은 일들을 걱정하느라 정신적, 감정적 에너지를 소모할 필요가 없을 테니까. 걱정하지 말자고 다짐한다고 해서, 혹은 누군가가 당신에게 걱정하지 말라고 충고한다고 해서 걱정을 멈출 수 있는 건 아니다. 그럴 수만 있다면 이미 오래전에 그렇게 했을 것이다. 걱정을 그만하는 것은 해결책이 아니다. 실현 불가능한 일이기 때문이다.

누군가에게 "걱정 그만해"라고 말하는 것은 "샤워를 너무 오래 하지 마"라고 말하는 것과 근본적으로 다르다. 그건 거의 비를 멈추는 것에 가깝다. 걱정은 완전히 당신의 통제권 안에 있는 것이 아니고, 따라서 당신 뜻대로 할 수가 없다. 생각이라는 것은 자동적으로 일어나는 경우가 많다. 생각들은 제멋대로 왔다가 제멋대로 사라진다. "난 문제가 있어"라든가 "난 절대 잘할 수 없을 거야" 같은 생각들 말이다. 아무리 아니라고 우겨도, 아무리 많은 칭찬을 들어도 부정적인 생각들은 결코 사라지지 않는다. 온갖 여행 블로그를 뒤지고, 웹 페이지를 검색하고, 배우자와 열띤 토론을 벌인 뒤에도 여전히 어느 쪽이 '옳은' 선택인지 몰라 다가오는 휴가 장소를 결정하지 못한다. 좀처럼 떼어낼 수 없는 이 끈적거리는 생각들은 도무지 말을 듣지 않는다. 떼어내려 해봐야 소용없는 일일뿐더러 오히려 더 들러붙는다. 그런데도 계속 떼어내려 애쓴다.

당신이 이처럼 반응하는 이유는 그 생각들을 진지하게 받아들이기 때문이다. 당연히 그럴 수밖에 없다. 머릿속에서 들려오는 목소리는 대체로 생존과 건강을 지키기 위한 것들이니까. "빨간불이니 멈춰", "낭떠러지 가까이에 가지 마", "채소를 좀 더 많이 먹어야지" 같은 생각은 도움이 되기도 한다. 그러나 머릿속의 생각들을 언제나 심각하게 받아들이는 것은 오히려 도움이 되지 않는다. 더구나 원칙과 명령에 따라 삶을 설계하는 것에 익숙해졌다면 그 생각들이 도움이 되지 않을 때 알아차리지 못할 수도 있다. 우리는 외식을 할 때마다 레스토랑 예절을 새로 배우진 않는다. 그저 이미 알고 있는 레스토랑의 원칙을 따를 뿐이다. 물론 레스토랑 종업원들 앞에서 거들먹거리거나 팁을 박하게 줄 것을 요구하는 특이한 레스토랑에 갈 수도 있겠지만, 경험적으로 터득한 것들을 활용하되 0.1퍼센트 확률로 틀리는 편이 매번 경험치가 틀릴 희박한 확률을 힘들여 분석하는 것보다 효율적이기 때문이다. 생각에 귀를 기울이는 것은 대체로 도움이 되는 만큼 역으로 완벽주의에 의해 그 점이 악용될 수도 있다.

완벽주의의 원칙과 논리

완벽주의의 가장 효과적인 무기는 원칙이다. 원칙은 마치 가상의 철창처럼 새로운 사람들과 대화하는 것을 막고, 상처도 입지만 사랑받을 수 있는 연애를 막고, 일이 틀어졌을 때 유연하게 대처하는 법을 막는다. 고난이도의 프로젝트를 시작하거나 끝내는 것을 막고, 가장 필요한 순간 스스로를 용서하는 것을 막는다. 원칙은 당신이 좋아하는 일에 다가서는 것을 막을 뿐 아니라 심지어 행복지수를 떨어뜨리는 일을 하도록 몰아간다. 끼니를 거르게 하고, 과로하게 하고, 사생활의 경계를 침해당하고, 가족모임을 놓치게 만든다. 철창이 눈에 보여야만 역할을 할 수 있는 건 아니다. 철창이 있다는 것조차 모를 때 오히려 더 효율적일 수도 있다. 철창을 볼 수 있다면 피해갈 수도 있겠지만 있다는 것조차 모른다면 대처하기가 더 힘들기 때문이다.

　　원칙이 없는 완벽주의는 힘이 없다. 더 정확하게 말하면 '당신이' 원칙을 지키지 않으면 완벽주의는 힘을 잃는다. 처음 원칙을 어겼는데 아무 일도 일어나지 않았던 때를 기억하는가? 아주 작은 원칙이어도 좋다. 당신이 믿어 의심치 않았던 원칙들을 떠올려보아라. 몇 시에 일어나야 한다든가, 옷을 어떤 식으로 입어야 한다든가, 식사하고 두 시간 뒤에 수영장에 가야 한다는 원칙 말이다.

　　그 원칙을 어겼을 때 맞닥뜨려야 할 결과 때문에 스트레스를 받았을 것이다. 그러나 아무 일도 일어나지 않았다. 아무도 신경 쓰지 않았다. 그 순간 당신은 깨달았을 것이다. 그동안 필요 이상으로 원칙을 진지하게 받아들였다는 것을. 당신 외에는 그 누구도 원칙에 대해 신경 쓰지 않는다는 것을. 사실 그 원칙은 당신이 생각하는 것만큼 혹은 완벽주의가 당신에게 주입한 것만큼 중요하지 않았다. 10대 시절 나와 친구들은 불꽃놀이가 허용되지 않은 날짜에 불꽃놀이를 했다. 경찰이 와서 우리에게 훈계를 한 뒤 각자의 집으로 데려갔다. 경찰이 엄마에게 내 소행을 얘기했고 엄마는 내게 방으로 가 있으라고 했다. 아빠가 돌아오면 어떤 벌을 줄지 두려워하며 밤을 새웠지만 다음 날 아빠는 이렇게 말했다. "마이클, 너 어제 경찰차 타고 왔다면서?" 그날의 경험이 사고를 치면 부모님이 혹독한 벌을 줄 거라는 나의 원칙을 약화시켰다. 다른 원칙들도 마찬가지다. 그 원칙들이 현실보다 머릿속에서 훨씬 더 거대하다는 것을 아직 깨닫지 못했을 뿐이다.

완벽주의는 원칙의 근거를 숨김으로써 철창을 보이지 않는 상태로 유지하고 늘 알게 모르게 당신을 긴장시킨다. 사실 원칙들은 실패에 대한 두려움, 사람들을 실망시키는 것에 대한 두려움 때문에 생긴 것이지만, 완벽주의는 원칙들이야말로 당신이 원하는 것을 얻을 수 있게 해준다고 믿게 만든다. "사람들이 반드시 날 좋아해야 해"라는 원칙을 생각해보자. 그 원칙은 당신이 사람들과의 교감을 진심으로 소중히 여기는 사람이기 때문인가, 단지 사람들에게 거절당하는 상황을 피하기 위해서인가? 잘 모르겠다면 후자일 가능성이 높다. 누군가 당신에게 당신의 할머니를, 당신의 개를, 당신의 안전 혹은 건강을 진심으로 소중히 여기냐고 묻는다면 망설이지 않고 대답할 수 있을 것이다. 그런 것들은 내면의 깊은 곳에 거의 원초적인 차원에 자리 잡고 있는 것이기 때문이다. 문제는 원칙의 근거가 확실치 않다면 따를 가치가 있는 것인지 아닌지도 판단할 수 없다는 데 있다. 원칙이 자기 자신과 욕구에 관한 것이라면 지키고 싶지 않아도 지킬 것이다. 예를 들어 자전거를 탈 때 헬멧을 쓰는 것처럼 말이다. 그러나 완벽주의의 원칙들은 주로 두려움에 관한 것이다. 그 원칙들은 당신에게 닥칠, 혹은 영원히 닥치지 않을 두려움으로부터 자신을 보호하기 위한 것이다. 자신이 진심으로 원하고 필요로 하는 것을 잃는 대가로 치르고서라도.

아무런 의심 없이 원칙을 지키게 만드는 완벽주의의 또 한 가지 기술은 바로 원칙에 논리를 제공하는 것이다. 논리는 논리적인 것처럼 보이기만 하면 된다. 합당한 논리여야만 행동에 영향을 미치는 건 아니다. 어쩌면 당신은 "내가 만들어내는 것들은 전부 다 특출해야 해. 왜냐하면 난 그런 사람이니까"라는 원칙을 따르고 있을지도 모른다. 바로 이런 패턴이다. '어떠한 이유' 때문에 '특정 원칙'을 지켜야 한다는 식. 만약 당신이 특출함의 원칙을 엄격하게 고수하는 사람이라면 상사에게 일상적으로 보내는 메일마저도 완벽해야 한다. 메일을 몇 번이고 반복해서 읽고, 동료에게 피드백을 구하고, 그러고 나서도 몇 번을 더 읽는다. 실제로는 그런 수준의 성실성을 요하는 상황이 아니다. 왜냐하면 상사는 그 이메일을 읽는 데 5초 이상 할애하지 않기 때문이다. 그저 한 통의 이메일일 뿐인데 원칙은 제대로 작성해야만 한다고 말한다. 그 원칙은 논리에 의해 정당화된다. 하지만 "난 그런 사람이니까"라는 말이 대체 어떻게 논리가 되는가?

인간은 본래 일관성을 좋아하기 때문에 논리로 원칙을 강화하는 방식이 통한다. 인간은 자신의 행동을 설명하는 이유를 갖고 싶어 한다. 논리를 바탕으로 행동하고 싶어 하고 모순 없는 이야기를 좋아한다. 당신이 이야기의 공백을 메우려 할 때마다("내가 왜 그렇게 생각하냐면…"), 행동의 근거를 대려 할 때마다("내가 이렇게 행동하는 이유가 뭐냐면…"), 혹은 당신이 따르는 원칙들이 왜 합리적인지 설명할 때마다("절대 실수를 해선 안 되는 이유가 뭐냐면…") 당신은 아이들이 하는 사이먼 가라사대 게임*처럼 '완벽주의 가라사대' 게임을 하고 있는 것이다. 다만 명령을 내리는 주체가 완벽주의인 것만 다르다. 완벽주의 가라사대 게임에서 모든 것은 반드시 이치에 맞아야 하며 진지하게 받아들여야 한다.

이 원칙들은 대체 어디서 온 건지 궁금해질 수도 있다. 하지만 원칙들과 논리들이 정확히 어디서 연유한 것인지에 대한 대답은 명쾌하지 않다. 어린 시절 특정한 사건으로 거슬러 올라가 특정한 원칙의 기원을 찾을 순 없다. 인간의 두뇌는 너무 복

---

* 술래가 '사이먼 가라사대Simon Says'라는 말을 붙이면 그 말의 명령을 따라 하는 게임.

잡해서 특정한 생각의 기원을 찾는다는 건 현실적으로 불가능한 일이기 때문이다. 그나마 우리가 할 수 있는 일은 생각이라는 것이 성장과정, 넓은 의미의 환경(인간관계망, 사회적 관습 등), 현재 상황(TV를 본다거나, 배가 고프다거나, 절친과 싸웠다거나)의 산물임을 인정하는 것이다. 이 모든 요인들이 합쳐져서 인지적 혼란을 일으키는 와중에 일관성을 향한 욕망은 상반되는 정보의 조각들을 무시하도록 부추긴다. 상황을 효율적으로 단순화하라는 턱없는 요구를 한다. 하지만 실제로 이미 일어난 각종 경험들을 일어나지 않은 척할 수 없고, 마구잡이로 섞인 생각들은 깔끔한 스토리라인에 들어맞지 않을 것이다.

지난 몇 분 동안 머릿속에 떠올랐던 모든 생각들을 되짚어보아라. 이 책에 담긴 개념들, 해야 할 일들의 목록, 다음 일정, 저녁에 무얼 먹을지, 조금 전에 무얼 먹었는지, 직장 동료들 모두가 얘기하고 있는 새 드라마, 당신의 헤어스타일이 마음에 든다면서 시선을 피하는 친구의 속마음…. 이제 당신도 알 것이다. 세상은 직선적 내러티브로 정리될 만큼 단순하지 않다. 사실 세상은 대체로 말이 되지 않는다. 똑같은 사람에게 분노와 사랑을 동시에 느끼는 것은 말이 되지 않는다. 배가 고프면서 먹고 싶지 않은 것도 말이 되지 않는다. 스스로를 좋아하면서 싫어하는 것도 말이 되지 않는다. 그러나 이런 상반된 감정들 모두 진실일 수 있다. 비록 완벽주의는 다르게 주장하겠지만 당신의 경험이 말해준다. 일관성은 허상이라고. 완벽주의를 전복시키려면 완벽주의가 주장하는 일관성의 실체를 파헤칠 필요가 있다.

완벽주의 게임의 실체

당신의 행동을 지배하는 원칙들을 인지하지 못하면 원칙을 따르는 것이 자유의지로 선택한 것이라고 착각할 수도 있다. 만약 자유의지로 선택한 행동이라면 왜 바꾸겠는가? 따라서 완벽주의 가라사대 게임을 할 때마다 게임 중이라는 사실을 인식하는 것이 중요하다. 스스로를 점검해야만 빠져나올 수 있다. 완벽주의적 사고가 내재되어 있는 평범한 문장들을 간파함으로써 완벽주의의 원칙을 밝혀내고 이 게임의 작동 원리를 드러내는 방법도 있다. 바로 다음과 같은 문장들이다.

― 반드시 모든 시한을 **맞추어야만** 한다.

― 아직도 그 말에 화가 나 있어서는 **안 된다.**

― 이 불안감을 **없애버려야만** 한다.

― 올바른 결정을 **내려야만** 한다.

— 의욕이 **생겨야만** 삶의 변화를 이룰 수 있다.

— 친구들이 내 문자에 답을 하지 않아서 초조해지면, **그건 곧 내가** 찌질하다는 뜻이다.

— 지금 이 시점에서 직장을 **옮겨서는 안 된다.**

— 나는 사람을 사귀기에는 **너무 자신감이 없다.**

이유(논리)도 필요할 것이다. 이유를 찾기는 더 쉽다. 대체로 '왜냐하면'이라는 말과 함께 나타나기 때문이다.

— 왜냐하면 사람들에게 나의 능력을 증명해야 하니까.

— 왜냐하면 사람들이 내가 멍청하다고 생각하는 건 원치 않으니까.

— 왜냐하면 성공하고 싶으니까.

— 왜냐하면 부모님이 나를 자랑스러워하길 원하니까.

— 왜냐하면 나는 이것보다는 나은 사람이니까.

당신에게 도움이 되지 않는 행동들을 일관성의 이름으로 합리화할 때 특히 더 위험하다. 예를 들면 프레젠테이션에 사용할 슬라이드의 표를 완벽하게 정렬하느라 새벽 2시까지 깨어 있는 것은 합리적인 논리를 따르는 것이다. 왜냐하면 나는 프로가 되고 싶으니까. 얼핏 보면 그럴듯한 이유들이기 때문에 당신은 찬찬히 살펴보지 않고 그저 받아들인다. 그러나 이번에는 회의적인 자세로 그 이유들을 찬찬히 살펴보기 바란다.

1. 표를 완벽하게 정렬하는 것이 어떻게 프로임을 증명하는가?

2. 프로임을 증명할 더 효율적인 방법은 없는가?

3. 잠을 포기하고 표를 정렬하는 것이 과연 프로가 되기 위해서인가?

찬찬히 살펴보면 어떤 이유들은 순식간에 무너져버린다. 때로 우리는 실제로 벌어지는 일의 일관성보다는 일관성이 있는 것 같은 느낌을 더 원하는지도 모르겠다. 예를 들면, 밤새도록 불을 끄지 않는 룸메이트에게 짜증이 나지 않았다고 스스로를 설득한다. 왜냐하면 당신은 그렇게 속 좁은 인간이 아니니까. 속 좁은 인간이 아니라면 한밤중에 불을 켜놓는 사소한 일에 화가 나지 않을 것이다. 그것이 일관성이 있는 이야기이고 당신은 그 이야기를 믿는다. 다음 날 아침 룸메이트가 나가고 난 후 신경질적으로 불을 끄면서도. 어쩌면 당신은 마라톤을 할 정도로 건강한 상태가 아니라는 이야기를 믿고 있을 수도 있다. 당신이 달릴 수 있는 거리의 한계가 8킬로미터라고 한정 짓는다. 그건 합리적인 판단이다. 왜냐하면 당신은 운동을 그닥 잘하는 사람도 아니기에 마라톤은 할 수 있는 영역이 아니다. 마라톤의 꿈은 그렇게 날아가버린다. 일관성에 대한 집착은 어떤 일을 실제로 경험해보거나 목표를 향해 앞으로 나아가는 대신 겉보기에 일관성 있는 이야기에 안주하게 만든다. 일관성에는 대가가 따른다. 당신은 그 대가를 기꺼이 치를 것인가?

논리의 한계

완벽주의 가라사대 게임의 실체가 드러나면 당신의 행동이 얼마나 많은 원칙과 이유에 의존하고 있는지에 따라 삶에 일종의 진공상태가 발생한다. 갑자기 당신을 이끌어주던 동력이 사라진다. "성공하고 싶어서" 혹은 "일을 망치기 싫어서" 해왔던 일들을 중단한다면 이제 무엇에 의지해 다음 행동을 결정해야 할까? 스스로에게 주입했던 이야기들은 해체되고(어떤 실수도 용납되지 않는다, 제대로 하지 못할 바에야 안 하는 게 낫다, 성공이 아닌 것은 다 실패다) 방향을 잃는다.

　　당연히 우리 마음은 절박한 심정으로 일관성을 복원하려 한다. 근사하고 완벽한 그림을 완성하기 위해 퍼즐 조각들을 재배열하려 애쓰고 있을지도 모른다. 인간은 납득할 수 있는 설명을 좋아하고 또 갈구한다. 논리를 동원하기 좋아하고, 문제해결 능력을 발휘하기 좋아한다. 터치스크린, 우주여행, 인공지능, 스마트 가전제품 같은 것들을 만들어낸 바로 그 능력으로 일관성 없는 이야기를 수정하고 싶어 한다. 넷플릭스의 '인트로 건너뛰기' 버튼을 만든 것이 인간의 논리적 능력이라면 논리로 해결할 수 없는 일이 과연 무엇이란 말인가?

　　하지만 논리에는 한계가 있다. 뉴턴의 만유인력의 법칙처럼 보편적인 법칙이라고 해도 적용되지 않는 상황이 있다. 중력의 경우 양자영역에서는 적용되지 않고, 논리적인 문제해결 방식은 아이러니하게도 마음의 영역에서 적용되지 않는다. 직접 확인해보길 바란다. '분홍색 거북이'를 생각하지 마라. 절대로 분홍색 거북이를 떠올리지 마라. 떠올리지 않았는가? 이번에는 끊임없이 평가당하는 것이 정말 아무렇지도 않다고 생각해보아라. 어머니의 생일을 잊어도 속상해하지 말고, 형편없는 인간이라고 자책하지도 마라. 만약 논리로 마음의 문제를 해결할 수 있다면 추울 때 난방장치를 켜거나 배고플 때 음식을 먹는 것처럼 하나도 힘들이지 않고 문제들을 해결할 수 있을 것이다. 그러나 안타깝게도 당신이 아무리 똑똑한 사람이어도 생각과 느낌에서 벗어날 방법은 없다.

논리라는 것은 작용하는 변수, 혹은 작용하는 변수를 통제하는 변수에 통제권이 있을 때에만 유효하다. 예를 들면, X와 Y가 만나면 Z가 된다. Z를 제거하고 싶다면 Z를 제거하거나, Z에 대한 통제권을 갖고 있지 않으면 X와 Y를 제거해야 한다. 벽지가 마음에 안 들면 뜯어내면 된다. 마늘 맛이 싫으면 요리할 때 빼면 된다. "난 못났어"라는 생각이 싫으면 그 생각을 버리면 된다. 그럴 수만 있다면 아마 벌써 버렸을 것이다. 그러나 생각을 바꾸는 것은 벽지를 바꾸는 것과 다르고 물질세계의 그 무엇을 바꾸는 것과도 다르다. 남동생의 결혼식에서 축사를 해야 할 생각에 초조한데 스스로를 논리로 설득하여 자신감을 갖게 할 수 있다고 생각하는가? 아마 쉽지 않을 것이다. 완벽주의를 상대하려면 논리가 아닌 다른 무언가가 필요하다.

논리 혹은 일관성의 대안은 바로 '기능'이다. 그 생각이 '실제로 도움이 되는지' 여부에 집중하고 그 점을 바탕으로 생각에 귀를 기울일지 결정하는 것이다. 생각이 진실인지 아닌지는 그것이 도움이 되는지 안 되는지보다 덜 중요하다고 생각해라. 모든 정보를 무비판적으로 수용하라는 뜻이 아니다. 실용성보다 정확성을 반사적으로 우선시하는 경향을 경계하라는 뜻이다. 도움이 되는 생각은 야유하는 팬들이 아닌 치어리더와 비슷하다. 그들은 당신이 가고자 하는 곳에 갈 수 있도록 돕는다. 프레젠테이션을 하기 전에 "난 잘할 거야"라고 혼자 되뇐다면 그 말이 진실인지는 몰라도 도움은 될 것이다. 진실이어도 도움이 되지 않을 수도 있고("사람들이 내 셔츠의 땀자국을 다 보겠지"), 도움이 된다고 해서 항상 진실인 것은 아니다("아무도 내 셔츠의 땀자국을 보고 있지 않아"). 아무 조건 없이 오직 당신이 잘되기를 바라는 생각들에 귀를 기울이겠는가, 오직 옳은 것에만 관심 있는 생각들에 귀를 기울이겠는가? 크게 보았을 때 옳다는 것이 과연 어떤 의미가 있는가?

이런 관점으로 생각하는 것이 어렵다면 생각들을 호의적인 낯선 사람이라고 상상해보아라. 당신이 중요한 약속에 늦었는데 열차가 고장이 나 멈춘 상황이다. 낯선 사람이 당신에게 "큰일 났네요. 지난 2주간 약속에 늦은 게 벌써 세 번째잖아요"라고 말한다. 그 말이 진실이냐고? 아마 진실일 것이다. 도움이 되냐고? 아마 그렇지 않을 것이다. 낯선 사람의 말을 진지하게 받아들인다면 당신은 정지한 열차 안에서 공포에 휩싸일 것이다. 하지만 낯선 사람이 이렇게 말한다면 어떨까. "저런, 하필 이런 상황에서 사고가 나서 속상하시겠어요. 안 그래도 그동안 스트레스 받는 일들이 많았는데 말이에요." 이 말이 더 도움이 될 것이다. 우리의 이성이 항상 침착하고 안정을 주는 타당한 말만 한다면 참 좋을 것이다. 그러나 이성은 일이 틀어졌을 때 문제를 해결해서 당신의 생명을 유지하도록 설계되었다. 그것도 최대한 빨리. 그것이 바로 생각들이 당신을 압박하고 독촉하는 것처럼 느껴지는 이유이고, 본능적으로 그 생각들에 끌렸던 이유이다.

인정하되 굴복하지 않기

진화적 관점에서 보는 생각과 느낌의 위력과는 별개로 생각과 느낌이 반드시 행동을 유발하는 것은 아니다. 사실 생각과 느낌은 실제로 그 어떤 행동도 하게 만들지 못한다. 당신은 직관적으로 그 사실을 알고 있다. 어떤 일을 할 수 있다고 믿는다고 해서 실제로 할 수 있는 건 아니다. 하늘을 날 수 있다고 확신하는 아이가 실제로 하늘을 날 수는 없다. 마찬가지로 '의지'만으로 변화를 이룰 수는 없다. 의지를 끌어모은다고 저절로 행동이 따라오는 것은 아니다. 행동이라는 것은 당신이 그 행동을 할 때에만 일어난다. 반대로 무언가를 할 수 없다고 생각한다고 해서 실제로 할 수 없는 것은 아니다. 더 이상은 감자칩을 먹으면 안 된다고 생각할 때나 또다시 일을 미루어선 안 된다고 생각할 때처럼 말이다. 이 점을 기억하기 바란다. 생각 자체가 힘을 지닌 것이 아니라 생각에 복종하는 것이 힘을 지닌 것이다.

생각들을 떠오르게 할지 말지, 얼마나 오래 지속될지, 얼마나 요란할지, 언제 멈출지는 통제할 수 없다. 그러나 '어떻게' 다룰지는 선택할 수 있다. 달갑지 않은 지긋지긋한 생각들이 떠오를 때 취할 수 있는 네 가지 반응을 간략하게 정리해보았다.

듣기 생각들, 특히 원칙들을 듣는 방법이라면 당신은 이미 알고 있다. "주말에 늘어져 있었으니 오늘 더 빡세게 일해서 만회해야지"라는 생각이 떠오르면 당신은 컴퓨터 화면의 블루라이트가 눈을 뜨겁게 달구도록 자정을 넘겨서까지 일한다. "그럭저럭 괜찮은 상태로 일을 넘길 순 없어"라며 이미 완성된 보고서를 제출하지 않고 시한을 넘긴다. "내가 쓰는 모든 감사편지는 사려 깊고 세심해야 해"라며 결혼식을 치른 지 2년이 되어가는데도 아직 충분히 진심이 전해지지 않을 거라는 이유로 단 한 통의 편지도 보내지 못했다. 우리는 당신에게 더 잘 듣는 법을 가르쳐줄 필요가 없다. 이미 당신은 너무 많은 생각들을 듣고 따르고 있다.

인정하기 생각은 그저 생각으로 인정하라. 있는 그대로의 모습으로 보아라. 생각은 언어능력 덕분에 알아들을 수 있는 단어로 엮인 소리일 뿐이며 과거와 현재 상황의 산물일 뿐이다.

생각과 원칙은 제멋대로다. 당신이 듣지 않으면 당신에게 아무 짓도 하지 못한다. '도전! 용암 위를 건너라*' 게임에서 참가자들이 소파와 커튼에 매달리며 기를 쓰고 피하려 하는 가짜 용암이며, 장난치기 좋아하는 사람이 마른 벽에 붙여 놓은 거짓 '페인트 조심!' 경고문이다.

생각이 당신을 얼마나 세게 끌어당기고 있는지 살펴보아라. "난 어딘가 부족해"라든가 "절대 일을 망쳐선 안 돼" 같은 원칙들을 얼마나 진지하게 받아들이는지, 그 말들이 어떻게 슬픔, 질투, 수치심, 두려움을 유발하는지 알아차려라. 그것은 마치 엘리베이터가 작동하는데도 '고장'이라는 글자만 보고 7층까지 걸어 올라가는 것과 같다. 당신은 본능적으로 생각의 소리에 귀를 기울이고 아무 의심 없이 복종한다. 그래서 생각이 하는 말을 듣기 전에 잠시 멈추는 능력을 기르는 것이 중요하다. 생각이 하는 말을 곧이곧대로 받아들이는 자동반사를 늦출 수 있다.

완벽주의적 생각들을 진지하게 받아들이는 것은 정치적으로 견해가 다른 사람을 설득하는 것과 같다. 정신을 차려보면 아무 의미 없는 논쟁에 휘말려 있다. 그 논쟁에 당신의 에너지를 쏟아붓는 게 맞는지부터 생각해보아라. 언어적 미끼를 물

---

*　바닥에 흐르는 가짜 용암에 빠지지 않고 매주 다른 테마의 방에서 탈출해야 하는 넷플릭스의 서바이벌 예능 프로그램.

고 싶은 유혹을 느낄 수는 있다. '기후변화', '과잉진압', '백신 반대운동', '보편적 의료보장', '실패자', '완벽', 그리고 '성공'. 그 미끼를 물지 마라. 미끼 너머 당신의 목표와 가치를 보아라. 주어진 시간과 에너지로 무엇을 하고 싶은가? 당신의 정신적, 감정적 자원을 논쟁보다 더 좋은 곳에 쓰고 싶다면 다른 일을 하라. 공손하게 고개를 끄덕이고 상대방의 의견을 인정한 다음 대화에서 빠져나와라. 당신의 생각들에게도 똑같이 하라. 인정해주고("아, 네가 소리를 내고 있는 건 알겠어") 당신의 시간과 에너지를 가치 있는 일에 쓰도록 주의를 돌려라.

관찰하기 생각을 끊임없이 자율적으로 움직이는 활동으로 바라보자. 마치 정치 문제에 열변을 토하는 사람을 지켜보면서 그가 내뱉는 민감한 단어에 휩쓸리거나 걸려들지 않는 것처럼 말이다. 당신은 생각이 하는 말에 굴복하거나 동의하지 않는다. 당신의 입장은 달라지지 않는다. 마치 상대의 주먹이 불끈 쥐어지는 것을, 핏줄이 솟아나는 것을, 목소리가 커지는 것을, 어깨가 뻣뻣해지는 것을 지켜보는 것과 같다. 데이비드 애튼버러**가 밀림의 사자들을 지켜보는 것처럼 상대가 아무리 요란한 소

** 영국의 동물학자이자 방송인이자 환경 보호론자이며
50여 년 동안 여러 자연 다큐멘터리의 해설을 맡았다.

리를 내거나 흥분한 상태여도 여전히 덤덤하게, 심지어 호기심 어린 시선으로 상대를 지켜본다. 미끼는 그대로 두고 건드리지 않는다. 덤덤한 태도를 유지하는 것은 중요하다. 결과에 개의치 않는다는 뜻이기 때문이다. 당신은 사자도 사자의 먹잇감도 응원하지 않는다. 스포츠에 비유하자면 마치 당신이 좋아하는 팀이 뛰지 않는 경기를 관전하는 것과 같다. 나는 샌안토니오 스퍼스*를 사랑하기에 그들의 경기를 지켜보는 게 괴롭다. 누가 공을 갖고 있는지, 누가 오늘 경기가 안 풀리는지, 심판들이 어떤 판정을 내리는지, 구단주 퇴출이 얼마나 임박했는지 전부 신경이 쓰인다. 심판에게 욕을 퍼붓거나 TV 화면에 대고 소리를 지른다. 그래 봐야 아무 소용없는데도. 그러나 골든스테이트 워리어스와 밀워키 벅스의 경기는 하나도 괴롭지 않다. 위스콘신 출신인 마이클에겐 고통스럽겠지만. 왜냐하면 나는 둘 중 어느 팀이 이기건 상관없기 때문이다. 누가 파울을 범하건, 누가 마지막 테크니컬 파울을 받건, 누가 4쿼터에서 우위를 빼앗기건 상관없다.

열정적인 팬이라기보다는 무덤덤한 시청자로 생각들을 바라보려고 노력해라. 그 게임에 걸었던 판돈을 회수해라(스퍼스가 플레이오프에 진출하지 못해도 내 삶은 달라지지 않는다). 통제할 수 없는 결과를 통제하려 애쓰는 것을 멈추어라. 생각과 느낌을 단

*　미국 NBA 소속 프로농구팀.

속하는 책임을 벗어던지면 어떤 일이 일어나는가? "난 어딘가 부족해"라는 생각을 경기장 밖으로 밀어내려 애쓰지도 말고 "난 소중한 존재야"라는 생각에게 경기를 뛰어달라고 애원하지도 마라. "난 더 열심히 해야 해"라는 생각을 벤치로 밀어내려 애쓰지 말고 "아무도 날 좋아하지 않아"라는 생각을 로커룸으로 보내려고 애쓰지도 마라. 몰아세우지도, 구슬리지도 말고, 선수들이 그저 가고 싶은 곳에 가서 하고 싶은 것을 하게 내버려두어라. 그중 어떤 생각이 이기건, 어떤 생각이 최후의 승자가 되건 당신 삶에 큰 영향을 주지 않을 것이기 때문이다.

이런 방법도 있다. 생각 자체가 아닌 사고의 과정을 관찰하는 것이다. '생각'을 관찰하면 타노스가 어벤져스를 만날 때 초조해진다. '사고'를 관찰하면 타노스를 연기한 배우 조시 브롤린의 분장이 얼마나 섬세하고 특수효과와 컴퓨터그래픽이 얼마나 사실적으로 느껴지는지를 음미할 수 있다. 즉, 생각의 산물이 아닌 과정을 관찰하는 것이다.

60초 동안 생각을 생각으로 인정하라. 생각을 파도로 상상해보는 것도 좋다. 생각이 제 할 일을 하는 것을 지켜보아라. 생각의 속도, 부피, 억양, 리듬을 알아차려라. 유유히 흘러가는지, 이 생각에서 저 생각으로 도약하는지, 시각적인지 언어적인지 알아차려라. 생각이 일어나는 과정을 관찰해보니 어떤가? 느낀 점을 노트에 적어보아라. 결과가 어떻게 되건 상관없다는 듯 무심하게, 심지어 호기심을 지니고 생각을 관찰할 수 있었는가?

고려하기 또 다른 대처 방법으로는 생각이 하는 말들을 고려해보는 것이다. 때때로 떠오르는 생각들을 들어보는 것도 유용하기 때문이다. 생각들을 고려해보려면 먼저 생각들이 시키는 대로 할 필요가 없다는 걸 알아야 한다. 생각들은 당신의 삶을 제대로 알지도 못하면서 조언하려 드는 숙모와 같다. 숙모의 조언은 대체로 도움이 되지만 당신이 처한 상황에는 딱히 맞지 않을 수도 있다. 숙모의 조언을 무작정 따르는 것은 숙모가 원하는 길로 가는 것이지 당신이 원하는 길로 가는 것이 아니다. 그러나 생각들이 현재의 곤경을 헤쳐 나갈 지혜를 주는 경우도 없지는 않다. 그럴 땐 그 생각들에 귀를 기울이는 게 좋다.

문제는 언제 생각의 말을 들을지를 분간하는 것이다. 당신의 목표를 염두에 두고 상황을 살펴보아라. 목표를 달성하는 데 생각들이 도움이 되는지 판단해라. 예를 들면, 당신이 연인과 헤어지고 싶은데 말을 못 하고 괴로워하고 있다고 치자. 숙모가 "문자를 무시해. 그럼 눈치채겠지"라고 말한다. 만약 당신에게 타인을 향한 배려가 중요하다면 숙모의 조언을 따르지 않을 것이다. 그러나 만약 숙모가 "그냥 헤어지고 싶다고 솔직하게 말하렴. 말을 하건 안 하건 어차피 힘들겠지만 그 정도는 해줄 수 있잖아?"라고 말한다면, 그리고 당신에게 솔직하고 열린 마음이 중요하다면 숙모의 조언을 받아들일 것이다. 조언을 무시할 수도 있고 받아들일 수도 있는 것처럼 당신의 고통, 욕구, 목표, 가치에 따라 생각과 원칙도 들을 수도 있고 무시할 수도 있다.

생각들을 고려해보아야 하는 또 다른 이유는 생각들을 제대로 사용하기만 하면 소중한 정보가 될 수도 있기 때문이다. 예를 들면, "난 사람들하고 어울리는 게 좋아"라는 말 자체만 놓고 보면 외향적인 사람이라는 인상을 준다. 그러나 조금 더 깊이 들어가 보면 외로움에 대한 두려움이나 인정욕구가 있을 수도 있다. "디저트를 먹고 싶어"라는 말도 생각해보자. 그 말은 당신이 디저트를 원한다는 뜻일 수도 있지만 설탕이나 탄수화물을 이용하여 감정을 조절하고 싶다는 의미일 수도 있다. 생각이 당신에게 하는 말 자체가 아니라 생각이 당신에게 '말하려는' 것들을 활용하여 의사결정을 내릴 수도 있다. 그러면 다음번에는 감정적으로 음식을 먹는 것이 습관이 되지 않도록 추가로 디저트를 주문하지 않을 수도 있다. 마찬가지로 두려움을 감추기 위해 사람들과 어울리는 대신 혼자가 되는 두려움을 대면해볼 수도 있을 것이다.

생각은 생각일 뿐

생각을 생각으로 인정하고, 사고의 과정을 자동적이고

지속적인 활동으로 관찰하고, 생각과 원칙을 잠재적인 지혜의 원천으로도 바라보는 것 모두 삶의 폭을 넓히기 위함이다. 생각이 하는 말을 무조건 듣고 따르는 대신 다양한 대처 방식을 연습하다 보면 선택의 폭이 넓어진다. 정치적으로 견해가 다른 사람과 논쟁하는 대신 그들이 하는 말을 흘려버릴 수도 있고, 그들이 입고 있는 셔츠의 색을 알아차릴 수도 있고, 그들이 하는 말 중 건설적인 것만 받아들이고 나머지는 무시할 수도 있다. 당신이 원할 때 언제든 생각의 서커스에서 빠져나올 수만 있다면, 혹은 들어봐야 별로 도움이 되지 않는 일들로부터 쉽게 자신을 분리해낼 수만 있다면 삶이 얼마나 수월해지겠는가? 그 시간과 노력으로 무얼 할 수 있을지 생각해보아라. 원칙을 따르고, 논쟁하고, 논리로 설득하고, 정당화하고, 합리화하고, 입증하고, 부정하고, 재확인하고, 굴복해야 했던 지난 시간을 돌아보아라. 그 모든 것의 무게를 가늠해보아라. 이제 그 무게를 내려놓는 자신을 상상해보라. 그 홀가분함을 음미해보자. 이제 당신은 무얼 할 것인가?

에너지를 쏟아부을 다른 활동들을 노트에 적어보아라. 당신의 머리가 생산적인 선택을 하라고 종용하진 않는지 잘 살펴보길 바란다. 당신이 진정으로 원하는 활동들을 적어라. 아무리 황당한 것이어도, 나태한 것이어도 상관없다. 발레 레슨받기, 잠 푹 자기, 낙엽 쓸기, 식빵 굽기, 롤러스케이트 타기. 모든 판단을 내려놓아라. 어떤 기회의 문이 열리는지 지켜보아라.

완벽주의는 원칙과 논리를 이용하여 행동에 힘을 행사한다. 완벽주의는 무얼 '해야만' 하는지, '왜' 그래야만 하는지 알려준다. 그러나 이러한 원칙은 아무런 근거가 없으며 실제로 당신이 어떤 행동을 하게 만들 수는 없다. 아무리 강력한 말이어도 아무리 소리가 커도. 따라서 B학점을 받거나 오랫동안 사귀던 사람과 헤어지면 인생이 끝장날 거라고 완벽주의가 협박해도 그 말을 곧이곧대로 듣지 마라.

대신 우리는 다음 세 가지를 권한다. 첫째, 생각을 생각으로 여겨라. 생각은 생각일 뿐 그 이상도 이하도 아니다. 둘째, 사고의 과정을 실시간으로 관찰하라. 다음에 무슨 일이 벌어지건 당신과는 전혀 상관없다는 듯이. 셋째, 생각들이 하는 말을 고려하되 도움이 되는 것은 취하고 나머지는 무시하라. 논리에 맞고 진실처럼 보이는 것(일관성)보다는 목표를 달성하는 데 도움이 되는지(기능)에 집중하면 완벽주의의 덫을 피할 수 있다.

다음 장에서는 원칙을 어겼을 때나 상황이 완벽하지 않을 때 밀려드는 불편한 느낌을 어떻게 다스려야 하는지 알아볼 것이다.

제 4 장

완벽하지 않은
나로 살아간다는 것

불편한 감정을
허락하는 연습

완벽주의자는 자주 불안, 스트레스,
걱정 같은 불쾌한 '느낌'과 싸운다.
완벽한 저녁식사 장소를 정하기만
하면, 완벽한 휴가 계획을 세우기만
하면 더 이상 불편한 느낌을 느끼지
않을 수 있다고 믿는다. 하지만
부정적인 느낌은 계속 찾아온다.
우리는 느낌에게 공간을 주는
연습을 해야 한다. 느낌이 어느
정도의 크기로 얼마만큼 머물다
갈지 정하고, 그 사이 자신에게
정말 중요한 일을 해야 한다.

삶에는 아픔, 괴로움, 결함들이 존재한다. 우리는 스스로의 결함을 부정하려 하지만 삶의 일면을 거부하면 할수록 삶은 옹색해질 뿐이다. 우리가 지니고 태어난 결함과 그에 수반되는 감정들을 회피하려 하면 '좋은', '훌륭한', '매력적인', '유능한', '똑똑한' 사람인 것 같은 기분이 들지 않을 때마다 위축되고 만다. 결국 풍요로운 삶을 누릴 기회가 차단된다.

완벽하지 않은 내 모습이 썩 유쾌하지 않다는 걸 우리는 알고 있다. 그래서 완벽주의가 중독성이 있는 것이다. 훌륭하게 해내면 트로피, 칭찬, 돈, 좋아요 개수 등으로 보상받을 수 있을 뿐 아니라 '어딘가 부족한' 사람인 것 같은 불편한 기분을 떨쳐버릴 수 있다. 한마디로 윈윈 게임인 것이다. 패배자가 된 기분, 압도당한 기분, 수치스럽고, 불안하고, 스트레스받고, 걱정스럽고, 죄책감이 들고, 게으른 사람이 된 것 같은 기분, 화가 나고, 짜증나는 기분을 느낄 필요도 없고 자기혐오에 빠질 필요도 없다. 문제해결 능력을 지닌 이성이 당신에게 속삭인다. 완벽해지는 순간 모든 불쾌한 기분이 사라질 거라고. 당신의 이성은 어떤 말로 당신을 설득했는가?

느낌의 기원

느낌feeling은 우리의 생존에 결정적인 역할을 해왔다. 느낌은 생존확률을 높이는 방식으로 행동하도록 동기를 부여한다. 두려움은 약탈자로부터 도망치게 하고, 수치심은 집단과 조화를 이루게 하고, 굶주림이 먹을 것을 찾게 만들고, 역겨움이 독성 물질을 먹는 것을 막아준다. 느낌이 주는 진화적 이득 때문에 인간은 유난히 느낌에 민감하고 자동적으로 신속히 반응한다. 두려움에 가장 민감한 사람이 약탈자로부터 스스로를 지킬 능력이 뛰어난 사람임을 감안한다면 우리가 민감성을 지니고 있는 것은 결코 우연이 아니다. 그것이 불안, 스트레스, 걱정이 우리에게 그토록 큰 영향을 미치는 이유이다.

느낌은 본래 적응에 도움이 되는 것이었지만 현대사회와 문화는 생물학보다 급격하게 진화했다. 인간은 애초에 끊임없이 업데이트되는 소셜미디어 정보들, 외적인 미의 황당한 기준들, 자본주의적 욕망, 디지털 화면을 매개로 한 교류가 이루어지는 세계에서 살도록 설계되지 않았다. 자연의 계획과 우리가 살아가는 세상과의 괴리로 인해 느낌은 잘못된 신호를 전달해서 목표에 부합하지 않는 행동을 유도할 확률이 높아졌다. 따라서 낭떠러지를 따라 걸을 때 두려움을 느낄 수도 있지만(적응에 도움이 되는 두려움), 소셜미디어 포스팅을 둘러보다 친구들이 나만 빼고 즐겁게 놀고 있는 모습을 발견할 때나(따돌림당하는 것에 대한 두려움), 답안지의 동그라미에 색을 칠할 때에도(실패에 대한 두려움) 두려움을 느낄 수 있는 것이다.

이렇듯 부적절한 느낌들은 죽음으로부터 우리를 구하기보다는 고통을 유발하여 점차 행복을 잠식한다. 도움이 되는 느낌과 도움이 되지 않는 느낌을 구분하여 선택적으로 행동할 필요가 있다. 예를 들면, 운동을 하다가 근육이 당겨서 아프다면 부상을 막기 위해 운동을 멈추는 것이 도움이 되겠지만, 새로운 친구를 사귀려 노력할 때의 불안은 감수하는 편이 낫다. 자신에게 도움이 되는 느낌을 바탕으로 선택이 이루어져야 한다.

느낌은 유효하다

실용성 여부를 떠나서 느낌은 그 자체로 유효하다. 당신의 느낌이 현재 욕구와 상황에 부합하지 않는다고 해서 덜 유효한 건 아니다. 유효하다고 해서 느낌에 반응하거나, 대응하거나, 혹은 합리화(일관성의 덫이다)해야 한다는 의미도 아니다. 그저 느낌이 존재한다는 것이며, 그뿐이다.

아마도 오랜 세월 당신이 터득한 것과는 상반된 개념일 것이다. 아주 어렸을 때부터 당신의 느낌을 설명하는 것으로 스스로를 무장해야 했을 것이다. "왜 울어?", "왜 그렇게 불안해해?", "왜 화를 내?"라는 질문에 느낌을 설명해야 할 뿐 아니라 그 설명은 일관적이고도 질문자가 만족할 만한 것이어야 했다. 결국 당신의 느낌이 유효한지에 관한 여부를 다른 사람이 판단하도록 두었다. 마치 이 사회가 상황에 적절하다고 판단하는 느낌들만 허용된다는 듯이. 그렇지 않으면 당신은 '깐깐한', '예민한', '징징거리는', '정신 나간', '맛이 간' 사람이 된다.

부당한 일이다. 당신의 느낌은 클 수도 있고 작을 수도 있고, 저조할 수도 있고 활기찰 수도 있고, 가벼울 수도 있고 무거울 수도 있다. 어떤 느낌이든 받아들일 수 있고 유효하다는 명제를 받아들인다면 "진정해야지", "네가 너무 예민한 거야" 같은 말들은 모두 의미가 없어진다. 그것은 마치 노을이 조금 더 분홍빛이어야 한다거나 나뭇잎이 조금 더 초록빛이어야 한다고 말하는 것과 같다. 느낌들의 존재를 허용하는 것은 스스로에게 좀 더 폭넓게 느낌을 체험하도록 허용하는 것이다. 어떤 느낌이건 전부 다 받아들일 수 있다면 왜 느낌을 억누르거나 그것들이 존재하는 것을 사과하겠는가?

감정의 회피

진화적 관점에서 보면 불편한 느낌들을 회피하거나, 통제하거나, 벗어나려는 인간의 본능은 당연한 것이다. 물리적 위험을 피하려는 본능은 오랜 세월 인류를 안전하게 지켜왔고, 따라서 인간의 이성은 머릿속의 불안과 걱정 같은 위협에도 똑같이 대응하라고 설득한다. 그러나 당신은 이성의 말이 정확하지 않다는 걸 안다. 지금까지의 경험이 그 반대를 보여주기 때문이다. 경험은 말한다. 아무리 애를 써도 느낌을 물리칠 수가 없다고. 요리 프로그램을 보면서 스트레스를 잠시 잊을 수는 있겠지만 프로그램이 끝나는 순간 곧바로 스트레스가 밀려든다. 심지어 더 강력해진 상태로. 걱정이 얼마나 쓸데없는 것인지 온갖 이유들을 열거하며 걱정을 누그러뜨릴 수는 있겠지만 그 상태가 얼마나 지속되는가? 모양만 다를 뿐 똑같은 걱정이, 혹은 전혀 다른 걱정이 밀려든다. 감정의 회피는 장기적인 관점에서는 통하지 않는다.

더구나 감정의 회피는 삶의 공간을 '축소'한다. 모든 것이 위험하다면 안전한 것은 아무것도 없다. 그 어떤 위협도 미치지 못하는 구석에 숨어 있으면서 무서운 무언가가 찾아와 문을 두드리지 않기만을 바란다. 평가받는 것에 대한 두려움을 회피하기 위해 스스로를 고립시키며, 친밀감에 대한 부담감을 회피하기 위해 사람들을 밀어내며, 짐이 되는 것 같은 자괴감을 피하기 위해 스스로를 지워낸다. 그런데도 고통은 여전히 당신을 찾아온다. 인간으로 살면서 아무것도 느끼지 않으려 애쓰는 것은 바다에서 헤엄치면서 물에 젖지 않으려 애쓰는 것과 똑같기 때문이다. 마지막으로 당신이 아무것도 느끼지 않았던 때, 심지어 무감각했던 때를 떠올려보라. 피할 수 없는 일을 피하려 할 때 필요한 고통마저 불필요한 괴로움이 된다. 더 당신을 아프게 할 뿐이다. 이 모든 게 고통 없는 삶을 살기 위해 애쓰기 때문이다.

어쩌면 당신은 모든 느낌들을 회피하는 것은 아니라고 생각할 수도 있다. 단지 나쁜 느낌만을 피하려 애쓰는 것뿐이라고. 그러나 모든 파도를 피하지 않고 나쁜 파도만 피할 수는 없다. 안타깝게도 어떤 파도가 당신을 덮칠지는 선택할 수 없기 때문이다. 바다에서 헤엄친다는 것은 모든 파도에 나를 노출시키는 것이다. 더 마음에 드는 파도가 있을 것이고, 더 기꺼이 젖고 싶은 파도가 있을 것이다. 그러나 당신의 취향은 실제로 밀려드는 파도와 아무 상관이 없고 그 파도에 대한 당신의 통제력과도 아무 상관이 없다. 모든 파도를 평가해서 오직 좋은 파도만이 밀려들기를 바란다면 바다에서 수영하는 것이 여전히 재미있을까? 바다에서 수영하는 것을 진심으로 즐기려면 기꺼이 모든 파도들을 경험할 준비가 되어 있어야 한다.

수용의 의미

"불편함에 마음을 열어라", "스트레스와 더불어 살아라", "불안한 느낌을 받아들여라" 같은 말들을 들어본 적 있을 것이다. 느낌을 위한 공간을 만드는 것이 느낌을 떨쳐버리려 애쓰는 것보다 더 도움이 된다는 개념이다. 사실 이런 말들은 위험신호에 반응하려는 생물학적 본능을 거스르라는 것이나 마찬가지다.

자신이 느끼는 감정에 마음을 여는 연습을 하기에 앞서 왜 그래야 하는지 생각해보자. 불편한 느낌을 없애버리면 될 것을 왜 굳이 그 느낌들을 위한 공간을 만들어야 할까? 첫 번째 이유는 명백하다. 불편한 느낌을 없애는 것은 선택할 수 있는 사항이 아니고 당신은 경험을 통해 이미 그 어려움을 알고 있기 때문이다. 두 번째 이유는 불완전함을 밀어내는 것, 훌륭함에 미치지 못하는 것에 극도로 예민하고, 대수롭지 않은 실수에도 스스로를 비난하고, 기대에 미치지 못하는 사람들에게 잔소리를 하는 것은 피곤할 뿐 아니라 자기파괴적이기 때문이다. 세 번째 이유는 고통은 당신이 진정 소중히 여기는 것이 무엇인지 말해주기 때문이다. 거절당해 상처받았다면 그 고통은 당신이 관계를 소중히 여기는 사람임을 말해준다. 구조적 불평등에 분노를 느꼈다면 사회적 정의를 중요하게 생각하는 사람이다. 당신은 무관심한 것들로부터 상처받을 순 없고, 관심을 끄지 않는 한 상처받는 것을 피할 수 없다.

달갑지 않은 느낌을 위해서 공간을 만드는 시도는 고통을 느끼는 작업에 능숙해지는 것을 의미한다. 어쩌면 당신은 느낌을 지니고 있는 것에 서툴 수도 있다. 늘 어떤 감정들로부터 도망치려 했다면 회피하는 연습은 부단히 해온 반면, 느낌을 지니고 있는 연습은 턱없이 부족했을 것이다. 고통을 느끼는 것에 노련해진 스스로를 상상해보라. 그것은 고통이 삶에 파고들 때 그

것을 느끼되 휘둘리지 않고 있던 자리에서 하던 일을 계속하는 것을 뜻한다.

　　이것이 바로 '수용acceptance'이다. 수용은 너무도 다양한 맥락에서 사용되어온 데다 '체념'과도 비슷하게 쓰여서 다소 모호한 용어가 되었다. 우리는 패배와 상실을 수용한다. 처벌을 수용한다. 여기서 말하는 수용은 '받아들인다'는 뜻이다. 우리는 낯선 이의 친절과 호의를 받아들인다. 사람들의 덕담과 선물을 받아들인다. 마찬가지로 불안, 스트레스, 걱정도 받아들일 수 있다. 이메일로도 할 수 있는 얘기를 직접 하려고 누군가를 만나는 것처럼 달갑지 않은 생각과 느낌을 수용할 공간도 낼 수 있다.

　　수용을 연습하려면 먼저 받아들이는 대상을 분명히 해야 한다. 무엇을 받아들일지 명확히 해라. 실패를, 혹은 비참한 운명을 받아들이라고 요구하는 것이 아니다. 감정들과는 달리 당신은 결과에 대한 통제권은 어느 정도 가지고 있다. 스티븐 헤이즈 박사는 그 점을 멋지게 표현했다. "당신의 상황이나 행동을 받아들이라는 것이 아니라, 당신의 과거와 느낄 수 있는 능력을 받아들이라는 것입니다." ('과정중심치료의 한 형태로서 수용전념치료'라는 제목의 2020년 워크샵에서 그가 한 말이다.) 다시 말해, 살아오면서 축적한 경험에서 비롯된 감정들을 받아들이고, 나아가 놀랍도록 다양한 감정들을 체험하고 이름 붙일 수 있는 인간의 특별한 능력을 받아들이고 또 경탄하라는 것이다. 비록 사소한 차이

일지라도 당신이 쓸쓸한 기분과 비참한 기분을 구분할 줄 알고, 짜증 나는 것과 화가 나는 것을 구분할 줄 안다는 건 놀라운 일이다. 당신에겐 상황을 변화시킬 수 있는 힘이 있고(물론 그 힘의 범위는 당신이 처한 상황의 특수성에 따라 다르겠지만) 다른 행동을 선택할 힘이 있다. 그러나 당신의 과거와 느낌들은 그저 그 자체로만 존재할 뿐이다.

느낌을 위한 공간 만들기

느낌을 수용하는 과정은 그것이 존재할 공간을 주는 것을 뜻한다. 할머니로부터 물려받은 흉측한 가구를 놓을 공간을 거실에 마련하는 것처럼 말이다. 받아들인다고 해서 반드시 좋아하는 건 아니다. 그저 공간을 줄 뿐이다. 반대로 느낌을 거부하는 것은 자기 자신을 거부하는 것이다. 느낌은 과거의 산물이고 당신은 과거로부터 만들어졌기 때문이다. 감정적 회피는 결국 내면으로부터의 자기부정이다.

불편한 감정을 느끼는 연습을 하라. 이 글을 어디에서 읽고 있건 어색한 자세를 취해보아라. 침대에 누워 있다면 걸터앉아보고 소파 옆에 기대거나 바닥에 있다면 굴러보아라. 그리고 지금부터 안내할 다음 연습을 하는 동안 계속 불편한 자세를 유지해라. 불편한 자세를 취했다면,

1. 당신의 몸에서 가장 불편한 곳이 어디인지 알아차려 보아라. 어깨인가, 목인가? 등 아래쪽인가? 턱인가, 다리인가, 가슴인가? 유독 불편한 곳을 알아차려라. 그리고 천천히 그곳에 주의를 집중해라. 어떤 식으로든 그 느낌을 바꾸거나 통제하려 하지 마라.

2. 그 느낌에 얼굴을 주어라. 하나의 이미지를 떠올리는 것이다. 불편은 어떤 모습인가? 불편의 모양, 색상, 크기, 표정, 밀도는 어떤가?

3. 불편한 느낌이 어떻게 움직이는지, 혹은 어떻게 움직이지 않는지 관찰해라. 위아래로 움직이는가? 중심에서부터 서서히 퍼져 나가는가? 사방으로 튀는가? 파장처럼 고동치는가? 아니면 완벽하게 정지한 상태인가?

4. 몸 안에서 그 느낌의 경계를 추적해보아라. 그 느낌이 어디서 끝나는지 따라간 다음 그 주위로 경계선을 그려라. 한 발짝 물러나 그 느낌이 존재하는 공간을 바라보아라. 아무것도 하지 말고 그저 지켜보아라.

5. 느낌을 전체적으로 파악했다면 마치 영화를 보듯 그

느낌을 관찰하라. 매 순간 바뀌는 장면을 보아라. 느낌이 제 갈 길을 가게 하라. 당신이 할 일은 그저 지켜보는 것뿐이다. 뒤로 되감지도 말고 앞으로 빨리 돌리지도 마라. 호기심을 갖고 보아라. 마치 전에는 한 번도 그런 느낌을 본 적이 없다는 듯이. 저 느낌이 이제 무얼 하려나? 어디로 가려나? 저 느낌이 내 몸의 어느 부위로 번지려나?

6. 다른 사람에게 설명할 수 있을 정도로 느낌을 관찰했다면 지금까지 알아차리지 못했던 그 느낌의 새로운 면을 찾아보아라. 어쩌면 새로운 곳에서 생각지 못한 느낌이 나타날 수도 있다.

7. 다시 5번으로 돌아가라. 마음의 안락의자에 편안히 앉아 잠시 무대를 구경해보라.

불편한 느낌에 공간을 주어보니 어떤가? 노트에 그 경험을 설명하는 단어와 문장을 적어보자. 느낌에 마음을 열어보니 어떤 면에서 유용한지 혹은 유용하지 않은지 적어보아라. 몸을 움직여 어떤 식으로든 느낌을 바꾸려 하지 않고, 호기심 어린 시선으로 불편한 느낌을 관찰할 수 있었다면 당신은 수용을 연습한 것이다. 불편한 느낌이 그 자체로 존재할 수 있도록 공간을 준

것이다. 불편함을 느끼는 다른 상황에서도 이 순서대로 연습해보기 바란다. 예들 들어, 저녁식사 장소를 고를 때 스트레스를 느낀다면 이 단계를 밟아보아라. 스트레스를 느끼고, 스트레스를 관찰하고, 스트레스에 공간을 주는 것이다.

이 과정이 어렵게 느껴진다면, 잘하고 있다. 수용은 하나의 기술이다. 다른 기술과 마찬가지로 연습할수록 쉬워진다. 라메킨*을 만져본 적도 없는 사람이 첫 베이킹 도전에서 예쁘고 폭신폭신한 수플레를 만들어낼 수 없지만 그렇다고 영영 못 만드는 건 아니다. 수용의 기술을 터득하는 것이 불가능한 일처럼 느껴질 수도 있지만 그게 뭐 어떤가? 몸을 움직여 불편한 느낌에 굴복할 필요가 없던 것처럼 부정적인 생각도 진지하게 받아들일 필요가 없다.

공간을 주는 과정이 너무 쉬웠다면 그것 역시 좋은 일이다. 어쩌면 당신에겐 수용이 전혀 새로운 개념이 아닐 수도 있고 재능을 타고 난 것일 수도 있다. 하던 대로 계속해라. 그러나 혹시 당신이 불편을 교묘하게 회피하고 있는 건 아닌지 확인하길 바란다. 원칙과 논리가 그렇듯이 회피는 어디에나 있다. 회피하면서 인식하지 못할 수도 있다. 수용을 실천할 수 있으려면 먼저 회

* 한 사람이 먹을 분량의 음식을 담아 오븐에 구워내는 데 쓰이는 작은 그릇.

피를 인식하고 줄여야 한다. 어떤 식으로든 당신이 무언가를 회피하고 있다면 수용 연습은 허울일 뿐이다. 아무리 연습해도 기술은 향상되지 않을 것이다.

수용의 기술, 혹은 이 책에 나와 있는 모든 기술을 연습하는 것은 마치 역기를 드는 것과 같다. 처음에 힘을 기를 때에는 자세가 무척 중요하다. 바닥에서 역기를 들어 머리 위로 들어 올리는 게 다가 아니다. 적절한 근육을 사용하고 정확한 동작을 취해야 한다. 자세가 좋아야만 언젠가 135킬로그램을 들 수 있다. 자세가 바르지 않으면 부상의 위험이 있을뿐더러 역량을 온전히 발휘할 수 없다. 바른 자세로 드는 습관을 기르기 위해 가벼운 역기로 바른 자세를 연습하는 것이 무척 중요하다. 그리고 정확한 기술을 구사하는지 스스로 판단할 수 있어야 한다. 항상 누군가가 곁에서 당신의 자세를 봐줄 순 없기 때문이다. 이것을 다시 수용에 적용하자면, 어떤 느낌을 회피하고 있는지 혹은 불편한 느낌일 때조차도 적극적으로 받아들이고 있는지 스스로 알 수 있어야 한다.

회피의 양상은 저마다 다르게 나타난다. 수용 연습이 끝나고 안도감을 느낀다면 회피의 징후일 수 있다. 한쪽 눈을 시계에 고정한 채 불편을 견디고 있다면 그것 역시 회피다. 수영장에 들어가면서 젖지 않으려고 비닐로 몸을 감싸는 것과 같다. 느낌이 존재할 공간을 충분히 주지 않았다. 감정이 존재할 수 있는 조건만을 갖추어 놓은 것이다. 연습이 끝난 뒤 사라져주기만 한다면 얼마든지 머물러도 좋다는 식이다. 마치 짐짝 같은 주황색 의자를 보면서 의자를 기증하기로 한 날까지 날짜를 꼽고 있는 것과 같다. 흉측하더라도 그냥 내버려두는 편이 낫지 않을까? 눈에 좀 거슬리더라도 잊어버리고 대신 훌륭한 영화 한 편에 몰입하는 편이 낫지 않을까?

반면 연습하는 내내 너무도 편안했다면 그것 역시 회피일 수 있다. 아마도 그 불편을 그럭저럭 견딜 만한 무언가로 바꾸었을 것이다. 마치 연인에게 지금 모습 그대로 사랑한다고 말하면서 다른 스타일의 옷을 입어보라거나, 좀 더 재미있는 취미를 가져보라거나, 요리를 배워보라고 말하는 것과 같다. 연인을 있는 모습 그대로 사랑한다면 연인이 끊임없이 당신을 감동시키려 애쓸 필요가 없는 것처럼, 불편한 감정도 당신이 받아들이기 위해 다른 어떤 것으로 바꿀 필요가 없다.

다양한 받아들이기 기술을 시도하다 보면 낯선 곳에 도달하게 된다. 그 깨달음의 순간을 말로 설명하기 쉽지 않지만 어느 순간 느낌과 싸우고 있지 않으며, 편안히 숨 쉴 수 있고, 느낌을 아무 조건 없이 그대로 놓아두고 있음을 깨닫게 된다. 다소 낯설게 느껴질 수도 있지만 조금 홀가분한 기분이 들고, 그 상태에 잠시 머물 수 있겠다는 생각이 든다면 수용의 기술을 습득해가고 있는 것이다.

　　운동이나 학문적 기술과 달리 수용의 기술은 무슨 일을 하고 있건 연습할 수 있다. 어떤 감정이든 느껴질 때, 연습해라. 유쾌한 감정으로 연습할 수도 있겠지만 아마도 그건 이미 잘할 것이다. 우리는 좋은 느낌에는 기꺼이 마음을 열면서도 '나쁜' 것이라고 이름 붙인 느낌에는 그러지 못하는 경향이 있다. 따라서 신호등의 빨간불이 유독 길게 느껴질 때 연습해라. 세 번째로 시한을 어긴 동료에게 화가 나는가? 연습해라. 6분 전에 받은 상사의 메일에 아직 답장을 하지 못해서 조급한가? 연습해라. 주말에 끝내야 하는 집안일 때문에 스트레스받는가? 그 느낌을 위한 공간을 만들고 목표에 부합되는 행동을 시작해라.

　　느낌을 받아들인다는 것은 그 느낌이 사라질 때까지 안달하는 대신 느낌이 존재할 공간을 주고 그동안 다른 중요한 일을 하는 것이다. 이 모든 연습은 당신을 위한 것이다. 우리는 고통을 위한 고통은 좋아하지 않는다. 힘든 일을 하려면 목적이 있어야 한다. 따라서 이런 질문을 던져보면 어떨까. "만약 불편한 느낌이 나타날지, 그 느낌이 얼마나 오래 갈지, 어떤 강도일지 더 이상 걱정할 필요가 없어진다면 어떤 기분일 것 같은가?"

느낌은 삶의 한 부분이다. 아무리 애를 써도 결코 느낌에서 벗어날 수 없다. 느낌이 그토록 집요한 이유는 인류의 생존에 도움을 주었기 때문이다. 느낌에 따라 행동하는 것은 늘 우리에게 이로웠다. 그러나 오늘날의 다양한 상황에서 동일한 가정은 더 이상 맞지 않는다. 따라서 느낌이 항상 유효하고 때로는 도움이 된다고 해도 언제 느낌의 충고에 귀를 기울여야 하는지, 언제 뒷마당에서 떼를 쓰도록 내버려두어야 하는지 구분할 수 있어야 한다. 필요 이상의 관심을 주지 않고 호들갑을 떨도록 느낌을 내버려두는 것, 그것이 바로 수용 연습이다.

수용의 대상은 느낌이지 행동이나 상황이 아니다. 수용하려면 마치 한 번도 본 적 없는 영화를 볼 때처럼 느낌을 바라봐야 한다. 불쾌한 느낌이라면 더더욱 연습해야 한다. 불쾌한 느낌을 위한 공간을 만들 때 교묘히 회피하고 있는 자신의 모습을 발견한다면 다시 관찰 단계로 돌아가라. 관찰이 지속 가능한 상태에 접어들면 수용에 가까워진 것이다.

지금까지 생각과 느낌에 삶의 주도권을 넘기지 않고 있는 그대로를 인정하는 연습을 했다. 이제 당신이 스스로에게 붙인 꼬리표와 이야기들을 어떻게 다뤄야 할지 알아보자.

제5장

자기비판의
현실

당신의 시야를 좁히는
'꼬리표' 잘라내기

완벽주의자는 '**자기비판**'을 연료로
삼아 일한다. "나는 부족해",
"나는 문제가 있어"라는 꼬리표를
스스로에게 붙인다. 애석하게도
이들은 자기비판 없이 다른
방식으로 일해본 적이 없다.
스스로에게 붙인 꼬리표는
세상을 바라보는 시야를 좁게
만들고 자신의 행동을 규정할 뿐,
자기비판과 성공은 아무런 연관이
없다. 자기비판 없이도 당신은
지금보다 더 잘할 수 있다.

노트를 꺼내 당신을 설명할 수 있는 단어 세 가지를 적어보아라. 각각의 단어가 불러오는 이야기를 간단하게 설명해보아라. 예를 들어 '믿음직한'이라는 형용사가 있다면 한밤중에 친구의 차가 고장 났을 때 한 시간을 운전해서 친구를 도우러 갔던 일을 떠올릴 수 있다. '체계적인' 사람이라고 썼다면 집이나 사무실의 사소한 일도 순조롭게 돌아가도록 당신이 만들어놓은 모든 체계를 떠올릴 것이다.

바로 당신이 쉽게 이름 붙인 꼬리표들이다. '불안한', '우울한', '단정한', '착한', '성실한', '똑똑한' 사람이라며 다양한 꼬리표들로 스스로를 규정한다. 다른 사람들에게도 똑같이 적용한다. 월터는 '소시오패스'이고, 스카일러는 '굴하지 않는 용기'를 지녔고, 제스는 '선량한' 사람이고, 마리는 '의리 있는' 사람이고, 사울은 '겁쟁이'이다. 자기 자신과 다른 사람을 특정 단어로 설명하는 것 역시 일관성의 덫에 걸려드는 것이다. 우리는 이렇게 논리의 지도를 만든다. 그래야만 이야기의 단편적인 요소들이 서로 들어맞고 새로운 상황에 편리하게 대처할 수 있기 때문이다.

스스로에게 붙인 꼬리표들이 당신의 행동과 관점에 어떤 영향을 미치는지 생각해보길 바란다. 아마도 당신은 '내향적'인 사람이라서 파티에 가지 않을 것이다. '직업의식이 투철한' 사람이라서 가족과 함께하는 시간을 희생해가며 일을 끝낼 것이다. '성공 지향적인' 사람이라서 목표와 상관없는 일에 시간을 허비하면 게으른 사람이 된다.

스스럼없이 꼬리표를 붙이는 것 자체가 문제가 아니라, 그 꼬리표들이 당신의 행동은 물론이고 자신과 세상을 바라보는 방식을 규정한다는 게 문제다. 지금부터 그 꼬리표들을 자세히 살펴보려 한다. 그래야만 꼬리표들이 영향을 미치는 범위를 당신이 선택할 수 있기 때문이다.

자기 꼬리표와 자기 이야기

'자기 꼬리표'는 자신을 설명하는 데 사용하는 수식어를 말한다. '페미니스트', '아침형 인간', '성소수자', '걱정꾼' 혹은 '완벽주의자'처럼. 상세한 설명 혹은 '자기 이야기'가 있을 수도 있다. 자기 이야기는 그저 자신을 바라보는 방식일 뿐이다. 꼬리표를 일관성 있는 내러티브로 엮기 위해 이야기를 만든다. 나는 자연을 사랑하는 사람이고, 그래서 늘 도보여행을 하고 배낭여행을 하고 등산을 한다는 식이다. 자기 이야기에는 자기비판을 포함하여 스스로를 바라보는 방식이 전부 담겨 있다. "나는 목표를 달성한 적이 한 번도 없다. 왜냐하면 나는 뭐 하나 제대로 하는 게 없는 게으름뱅이이기 때문이다"처럼. 또한 자기 꼬리표와 자기 이야기는 완벽주의가 당신을 통제하기 위해 사용하는 원칙과 논리로 요약된다. "나는 훌륭한 엄마이기 때문에 아이들의 모든 욕구를 충족시켜주어야만 한다"는 식이다.

대개 사람들은 삶의 구석구석에 스며들어 있는 핵심적인 자기 이야기를 가지고 있다. 무슨 일을 하건 끊임없이 자기가 만든 이야기로 돌아간다. "난 혼자인 게 당연해"일 수도 있고, "난 어딘가 잘못된 게 분명해"일 수도 있고, "나는 사실 알고 보면 나쁜 인간이야"일 수도 있다. 당신이 다른 사람의 애정을 거부하고, 인간관계를 섣불리 끊어버리고, 자신을 잘 돌보지 않고, 번아웃이 될 때까지 일하고, 인정을 갈구할 때 그 모든 행동은 당신이 근본적으로 사랑받을 수 없는 사람이라는 믿음과 연결되어 있다. 그러니 자신을 수용하는 일이 힘들 수밖에 없다.

두 가지 개념을 각각 설명하긴 했지만 꼬리표와 이야기는 그 기능이 다르다기보다는 형식만 다르다. 당신이 꼬리표와 이야기를 어떻게 바라보고 어떤 식으로 대하느냐가 중요하다는 뜻이다.

꼬리표와 이야기가 문제가 될 때

생각이나 느낌처럼 자기 꼬리표와 자기 이야기도 그 자체로는 해로운 것이 아니다. 그것들과의 관계로 인해 당신이 원하는 삶과 멀어질 수도 있기 때문에 해롭다. 꼬리표를 진지하게 받아들이고 그에 맞추어 행동을 제약할 때 문제가 발생한다. 꼬리표와 이야기는 도움이 될 때도 있고 그렇지 않을 때도 있다. 예를 들면, 자신을 '좋은 친구'라 여기고 친구가 외롭고 슬픈 순간에 위로할 수 있다면 좋은 친구라는 꼬리표는 건설적이다. 그러나 좋은 친구라는 꼬리표에 충실하고 싶어서 당신이 우울의 늪에 빠져 있을 때조차도 친구를 도우려 한다면 오히려 역효과를 일으킬 수 있다. 잠시 멈추고 다시 생각해보길 바란다. 꼬리표나 이야기와 상관없이 어떻게 행동하는 것이 당신의 목표와 가치에 가장 도움이 될지 판단해야 한다.

자기 꼬리표와 자기 이야기가 문제가 되는 상황은 첫째, 그것이 하는 말을 바탕으로만 행동을 결정할 때. 둘째, 그것들에 대한 집착이 불필요한 고통을 낳을 때. 셋째, 현실을 외면하게 할 때이다. 꼬리표와 이야기에 집착한다는 것은 그 내용과 암묵적 기대에 철저하게 부응함으로써 당신의 행동과 생각을 꼬리표와 이야기에 완벽하게 일치시키는 것을 뜻한다. 만약 당신이 '문제가 있는' 사람이라는 꼬리표를 받아들인다면 건전한 인간관계를 추구해서도 안 되고 그런 인간관계를 누릴 자격도 없는 것이다. 그렇게 의미 있는 인간관계의 기회를 스스로 박탈한다.

꼬리표가 행동을 지배하는 경우 당신의 행동이 꼬리표에 의해 결정된다면 목표와 가치에서 멀어질 수 있다. 예를 들면, 의대에 진학하는 이유가 아픈 이들을 돕고 싶어서라기보다는 자신이 '똑똑한' 사람이기 때문일 수도 있다. 그렇게 되면 결국 일에서 만족감을 느끼지 못한다. 똑똑한 사람이라는 꼬리표가 영혼을 채워주진 않기 때문이다. 한 가족의 '가장'이라는 꼬리표에 집착한 나머지 가족들이 거부감을 느낄 정도로 늘 계획하고, 확인하며, 자잘한 것들까지 꼼꼼히 챙길 수도 있다. 이 경우 '가장'이라는 꼬리표에만 집착하다가 자기도 모르는 사이에 소중한 관계를 망가뜨린다. 이야기의 일관성을 우선시할 때 자신과 주변 사람들의 행복을 향상시키는 선택이 아닌 자신만의 논리에 부합하는 선택을 하게 된다.

꼬리표가 고통을 유발하는 경우 꼬리표에 대한 집착이 행동에 심각한 영향을 미치지 않더라도 여전히 해로울 수 있다. 꼬리표에 강하게 집착하다 보면 일관성 없는 상황에 처했을 때 필요 이상의 의심, 절망, 불안, 수치심을 느낄 수 있고 이것은 고통이 된다. 예를 들어 당신이 '사회적 정의를 중시하는 사람'이라면 항상 자신이 특권을 누리고 있진 않은지 경계하고, 그 특권을 사회적 약자에게 도움이 되는 방식으로 사용하고, 지속 가능한 농업을 후원하고, 중소기업의 제품을 구매하고, 매일 뉴스를 챙겨보고, 지역 선거가 열리면 투표를 해야 한다. 이 중 한 가지라도 소홀히 한다면 그것은 곧 '위선적'이고, '이기적'이며, '나쁜' 사람이라는 뜻이다. 당신은 항상 올바른 행동을 해야만 한다는 압박감을 느낄 것이고, 피치 못할 사정으로 꼬리표에 충실하지 못했을 때 죄책감을 느낄 것이다.

더구나 이런 힘든 감정에 짓눌리다 보면 오히려 아무것도 안 하게 될 수도 있다. 무언가를 선뜻 시작할 엄두가 나지 않기 때문이나. 이렇듯 꼬리표는 당신을 꼼짝 못 하게 옭아맨다. 꼬리표의 요구에 철저히 부응하는 것은 뷔페에 갔는데 그곳에 있는 음식을 전부 다 먹어야 한다고 생각하는 것과 같다. 수프와 디저트나 몇 개 먹으면 좋겠는데 모든 음식을 전부 먹어야 한다면 당연히 부담스러울 것이다.

꼬리표에서 파생되는 불쾌한 느낌들은 경험의 일부이고, 따라서 유효하다. 그러나 꼬리표를 좀 더 가볍게 대하면 꼬리표에 대한 집착("나는 사회정의를 소중히 여기는 사람이고 그래서 나는 ○○을 해야만 한다")에서 비롯된 고통과 괴로움에서 벗어날 수 있다. 꼬리표에 유연한 태도를 지니는 것은 뷔페에서 먹고 싶은 것들을 먹고 배가 부르면 뷔페를 떠나는 것이다.

꼬리표가 진실을 가리는 경우 꼬리표가 자신과 세상을 향한 인식에 막대한 영향을 미치게 되면 실제로 일어나는 일이 아닌 꼬리표가 '일어나야 한다고' 부추기는 일을 믿게 된다. 스스로에게 '내향적'이라는 꼬리표를 붙였다고 해보자. 내향적이라는 꼬리표는 새로운 사람들과 어울리는 것을 좋아하지 않는다고 당신에게 말한다. 일 얘기와 가족 얘기에 열을 올리는 사람들이 우글거리는 파티에 가는 걸 싫어하라고. 막상 파티에 갔을 때에는 찰스가 이혼 후 입양한 세 마리 강아지 이야기와 헨리가 만들었다는 댄스클럽 일화를 들을 수 있어서 즐거웠는데도 말이다.

이야기는 일관성이 있어야 하기 때문에(내향적인 사람들은 파티를 좋아하지 않는다는 것) 실제 경험보다 꼬리표의 말을 우선시해 현실에서 일어나는 일을 놓쳐버린다. 당신이 '쿨한' 사람이라면 연인과 헤어졌을 때에도 상대방이 마침내 마음을 접은 것은 그에게 '좋은' 일이기 때문에 본인이 느끼는 슬픔을 전부 부정한다. 두 가지 감정 모두 진실인데도. 결국 세상을 이해하는 데 도움을 주어야 할 꼬리표와 이야기가 오히려 시야를 좁혀서 있는 그대로의 삶을 살아가는 기회를 가로막는다.

좋은 소식이 있다면 자기 꼬리표와 자기 이야기를 만들어내는 집착은 선택사항이라는 것이다. 두뇌가 만들어낸 가상의 현실 속에서 살 수도 있고, 있는 그대로의 세상을 살 수도 있다. 꼬리표의 삶이 아닌 실제 경험하는 삶을 살고 싶다면 조망수용 perspective taking을 연습해야 한다.

꼬리표와 이야기를 떼어낸 당신은 누구인가

꼬리표가 없는 당신은 누구인가? "나는…"이라는 말에

따라붙는 수식어와 명사들을 모두 떼어내면 무엇이 남는가. 잠시 그저 자기 자신이 되어보아라. 여러 자아가 당신의 인식을 흐려놓지 않을 때 그저 존재하는 것이 어떤 기분인지 느껴보아라. '신경질적인', '성취 지향적인', '재미있는', '야심 찬', '감각적인' 같은 수식어는 더 이상 없다. 당신 마음에 생긴 공간을 가만히 보아라. 모든 꼬리표를 다 떼어내니 어떤가? 자신을 증명해 보일 필요가 없으니 홀가분한 기분이 들 것이다. 당신을 묶어두던 닻이 사라져서 비로소 온전히 현재의 순간에 존재할 수 있음을 깨달았을 수도 있다. 꼬리표와 이야기는 단지 일관성을 유지하고 우리를 묶어두기 위해 고안된 것들이다. 어쩌면 당신은 불안하고 혼란스러울 수도 있다. 있는 그대로의 모습으로 존재하는 방법을 찾지 못해 괴로울 수도 있다. 무엇을 알아차렸건 평상시와는 다른 느낌이길 바란다. 그것은 곧 평상시의 경험들이 꼬리표나 이야기로 진하게 채색되어 있었다는 뜻이고 앞으로 다른 선택을 할 가능성이 열리기 때문이다.

눈가리개를 벗는 것처럼 스스로에게 부여한 정체성들을 놓아버리면 기존의 이야기에 부합되는 모습이 아닌 본모습 전체가 드러난다. 예를 들면, 무명가수의 노래를 즐겨 들으면서도 테일러 스위프트의 노래에 공감할 수도 있고, 뭐든 잘하려고 노력하지만 정작 놀라운 성취를 이루었을 땐 대수롭지 않게 여기는 사람일 수도 있다. 상대성이론을 쉽게 이해하면서도 누군가 말해주기 전에는 자전거에 기어가 달려 있다는 사실을 몰랐을 수도 있다. 이야기로부터 자유로울 때 이 모든 진실들이 공존할 수 있다.

조금 더 나아가서 이제 자신을 완전히 놓아보아라. 자신을 어떤 사람으로 여기건 그것으로부터 물러서라. 현재에 머물며 생각들, 느낌들, 꼬리표들, 이야기들을 관찰해라. 일관성 있는 자아에 집착하지 말고 그것들이 머물거나 흘러가는 것을 관찰해라. 그 모든 것에 초연한 기분이 어떤가? 일관성의 부담을 털어낸 기분이 어떤가?

꼬리표와 이야기로 규정되는 자아로부터 벗어나 관찰하는 자아로 옮겨가는 과정에는 관점의 변화가 따른다. 마치 평지에서 높이 솟아오른 산을 쳐다보다가 어느 순간 하늘에서 비행기를 타고 산을 내려다보는 것과 같다. 산 자체는 변함이 없지만 관점에 따라 전혀 다르게 보인다. 평지에서 산을 바라보면 정복하기 힘든 거대한 대상처럼 느껴지고 두려움과 무력감이 밀려들지만 하늘에서 내려다보면 자연의 아름다움에 감탄하며 마음이 편안해지고 경외심까지 든다. 분명히 인식해야 할 점은 조망수용이 마음가짐이나 태도를 바꾸려는 시도가 아니라는 점이다. 조망수용이 필요한 영역에서는 따라오는 생각들, 감정들, 꼬리표들을 바꾸려 애쓰지 말고 다른 관점에서 보아라. 평지가 아닌 하늘에서.

이제 조망수용을 연습해보자. 먼저 당신이 자부심을 느끼는 꼬리표들을 떠올리는 것에서 시작하자. '계획성 있는', '지적인', '체계적인', '생산적인', '재능 있는', '목표 지향적인', '효율적인' 당신이 수긍할 수 있는 어떤 말이든 상관없다. 그 꼬리표 중 한 가지를 선택해라. 그 꼬리표와 당신의 관계는 어떤가? 그 꼬리표가 당신을 얼마나 많이, 혹은 얼마나 적게 설명하는가? 꼬리표에 애착을 느끼는가, 덤덤한가, 반감이 드는가, 두려운가 혹은 설레는가?

이제 구름 위로 올라가 하늘에서 내려다보아라. 당신이 하늘에 있었다면 지상으로 내려와라. 관점을 바꾸는 것이 당신과 꼬리표와의 관계에 어떤 영향을 미치는지 알아차려라. 어렵다면 문자 그대로 꼬리표를 하나의 산으로(혹은 건물, 호수, 나무) 시각화한 다음 평지와 하늘을 오가며 보아라. 시각화한 물체에 세부적인 요소(하늘을 날 때 바람의 느낌이라든가, 발에 닿는 대지의 감촉이라든가)를 가미할수록 연습하기가 수월해질 것이다. 어색한 기분이 든다면 제대로 하고 있는 것이다. 관점이 달라질 때 당신과 꼬리표와의 관계가 어떻게 달라지는지 살펴보아라.

사실 대부분의 사람들은 관점 바꾸기를 무의식적으로 이미 하고 있다. 예를 들면, 당신을 40분이나 기다린 친구의 입장이 되어 그가 얼마나 화가 날지 생각해보기 어렵지 않다. 당신이 회사에서 일하는 동안 집에 혼자 있어야 하는 반려견이 얼마나 외로울지도 쉽게 상상할 수 있다. 5년 전의, 혹은 5년 후의 당신이 현재의 당신을 어떻게 생각할지도 짐작해볼 수 있다. 조망수용 능력은 인종, 종족, 시간을 초월한다. 조망수용은 실제로 우리에게 익숙한 개념이다. 단지 내면의 경험에 잘 적용하지 않을 뿐이다. 자기 자신을 다른 관점에서 바라본다는 개념이 처음엔 혼란스러울 수 있다. 마음챙김 명상을 한 번도 해본 적 없는 사람이라면 더더욱 그럴 것이다. 그러나 머지않아 그것이 일상적인 조망수용과 다르지 않음을 깨닫게 될 것이다. 따라서 당신이 연습해야 할 것은 이미 알고 있는 조망수용 기술을 새로운 영역, 즉 내면세계에 적용함으로써 일상화하는 것이다. 자기 자신을 꼬리표와 이야기의 집합으로 보지 마라. 하늘은 무한하고 수많은 산과 바다와 사막과 숲과 피오르와 빙산을 품는다. 그러나 그 모든 것들이 하늘을 규정하진 않는다. 수많은 꼬리표들과 이야기들로부터 벗어난 무한한 자아 혹은 관찰하는 자아도 마찬가지이다.

완벽주의 속의 자기비판

자기비판은 자기 꼬리표와 자기 이야기의 한 형태로, 지금까지의 모든 설명이 자기비판에도 적용된다. 완벽주의 안에서의 자기비판은 너무도 치명적일 수 있기 때문에 따로 논의될 필요가 있다. 자기비판이야말로 여러 면에서 완벽주의의 가장 큰 특징이라고 볼 수 있다.

　　당신이 늘 들고 다니는 자기비판은 어떤 것들인가? "자제력이 없어", "항상 불안해", "생각이 너무 많아", "외톨이야", "다들 내가 무능하다고 생각해" 혹은 "아무도 날 사랑하지 않을 거야" 등 자기비판적인 꼬리표와 이야기 세 개를 떠올리고 노트에 적어보아라. 떠올린 자기비판을 얼마나 오래 들고 다녔는가? 가장 오래 들고 있었던 것 하나를 골라라. 처음 그 생각을 했던 때를 떠올려라. 당신은 몇 살이었나? 대부분의 사람들은 아주 어렸을 때부터였다고 대답한다. 당신이 고른 것이 최근(1년 혹은 2년 전)에 나타난 것이라면 다른 것을 골라라. 때로 우리는 지나치게 가혹한 자기비판은 일부러 모른 척 피한다. 마치 정복할 수 없는 산처럼 느껴지기 때문이다. 그러니 큰 것을 골라라. 자기비판의 가장 오래된 기억을 소환해라. 어린 당신이 그 생각과 싸우는 장면을 상상해보아라. 당신은 어디 있는가? 어떤 옷을 입고 있는가? 어떤 감정을 느끼는가? 무엇을 보고, 무엇을 듣는가? 어떤 냄새를 맡는가? 오감을 이용하여 그 장면에 최대한 살을 붙여라. 어린 시절 당신의 바로 옆에 있는 것처럼.

　　현재의 관점에서 어린 당신을 바라보는 기분이 어떤가? 작고 순진한 당신은 아직 아는 게 없다. 그 아이는 자기비판을 진실이라고 믿는다. 자신의 통제권 밖에 있는 어떤 힘에 의해 강요된 이야기라고 생각하지 않는다. 이 작은 사람은 자신이 나약하고 쓸모없으며, 부족하고, 곁에 두기 힘들고, 일을 망치는 사람이라고 믿고, 자신의 본모습으로는 사랑받을 수 없다고 생각한다. 그 아이가 지게 된 자기비판의 무게를 느껴보아라. 이제 당신은 그때보다 훨씬 자랐지만 그 말들의 무게는 줄지 않았다. 긴 세월이 지난 지금도 여전히 자기비판은 당신을 갉아먹고, 아직도 거기서 헤어나지 못하고 있다. 당신은 지금 어디에 있는가?

자기비판의 폐해

자기비판을 진실로 받아들일 때 꼬리표나 이야기와 똑같은 위력을 지닌다. 행동을 통제하고, 불필요한 고통을 유발하며, 실제 경험을 왜곡한다. 아마도 당신은 자신의 가치를 증명하기 위해 무리해서 일하며 거북목 증후군과 두통을 얻었을 것이다. 혹은 자격이 없다고 생각해 의미 있는 인간관계를 회피할 것이다. 본인에게 근본적인 문제가 있다고 믿을 때 사랑받기를 거부하고 행복한 순간을 즐기지 못한다.

자기비판은 스스로를 갉아먹는다. 너무도 서서히 갉아먹어서 삶이 왜곡되었다는 사실조차 인지하지 못하게 한다. 현재의 삶을 당신이 일구려 했던 삶과 비교해보아라. 자기비판의 미사여구를 믿는 바람에 잃은 것이 얼마나 많은가? 어쩌면 당신을 함부로 대하는 사람들만 만났을지도 모른다. 그런 사람들이 당신에게 어울린다고 자기비판이 말했기 때문이다. 어쩌면 익숙한 삶에 안주하고 있을지도 모른다. 따분한 취미생활, 은근하게 신경을 긁는 친구들, 만족스럽지 못한 관계, 무료한 일, 그게 나의 수준이기 때문이다. 어쩌면 모두를 만족시키려 애쓰느라 끊임없이 사과하고, "네!"라고 대답하고, 말을 가려서 하느라 지쳤을지도 모른다. 자기비판의 영향력을 되짚어볼수록 삶에서 얼마나 많은 부분이 자기비판에 소모되었는지 깨닫고 놀랄 것이다. 나는 하찮은 존재라는 말을 믿음으로써 자기비판에게 삶의 경계를 설정할 권한을 주었다. 자기 이야기는 그렇게 삶을 잠식해왔다.

자기비판 때문에 당신이 한 일과 하지 못한 일들을 적어보아라. 자기비판의 말들을 믿은 것이 당신의 행복에 얼마나 큰 타격을 주었는지, 또 현재 삶에 어떤 영향을 미치고 있는지 생각해보아라.

자기비판이 동기를 부여한다고?

어쩌면 지금쯤 당신의 이성이 항의할지도 모른다. 자기비판도 때로는 도움이 되기도 한다고. 오히려 동기를 부여할 수도 있다고. 자기비판으로 동기부여를 하지 않았다면 여기까지 오지 못했을 거라고. 스스로에게 부족하다고 말해야만 더 잘할 수 있는 거라고 말이다. 자기비판으로 괴로워하는 수많은 내담자들을 치료해온 심리치료사로서 우리는 자기비판이 성공에 반드시 필요한 연료라는 신화를 단호하게 부정한다. 당신은 스스로를 혹독하게 질책했고 당신이 하고자 했던 일을 성취한 것뿐이다. 말하자면 그 두 가지 일이 동시에 일어났을 뿐 한 가지가 다른 한 가지를 유발한 것이 아니라는 뜻이다. 설령 그 인과관계가 분명하더라도 일상 속에서 반복적으로 자신이 부족하다 여기며 그 비판이 틀렸음을 증명하기 위해 살고 싶은가?

자기비판을 통한 동기부여 방식을 당신이 아끼는 사람에게 적용해보아라. 형제자매, 친구, 부모, 자식, 배우자에게 할 수 있겠는가. 여동생에게 너는 가치 없는 존재라고 말해서 공부를 더 열심히 하게 만들 수 있을까? 아이에게 수학 숙제를 끝내지 않으면 평생 백수로 살게 될 거라고 말할 수 있는가? 그런 말을 하는 당신의 모습을 상상하며 느껴지는 감정들을 관찰해보아라. 아마 꺼림칙할 것이다. 질책으로 행동을 독려하다니 불필요하고 잔인한 일이다. 자기비판을 연료로 삼을 때 당신은 스스로에게 매일 이와 같은 일을 하고 있다. "잠자리 정돈도 안 하고 나태하기 짝이 없구나", "넌 지금 가족들한테 짐이 되고 있어"라고 말이다. 자기비판은 자신을 비참하게 만들 뿐이다. 쉴 새 없이 채찍질하지 않아도 좋아하는 일이라면 당신은 노력할 것이다. 직장에서 실수했을 때 스스로를 모욕하지 않으면 직장을 잃게 될까? '형편없는 엄마'라고 몰아세우지 않으면 아이들 배를 곯리고 방치할

게 될까? 만약 그 모든 것이 자기비판의 결과라면 애초에 당신이 그 일을 얼마나 좋아하는지부터 다시 점검해볼 필요가 있다. 자신의 주장이 옳음을 증명하려 노력했는가, 최선의 삶을 살기 위해 노력했는가?

일을 잘하기 위해 자기비판이 필요하다는 원칙을 고수하는 사람의 경우 또 다른 문제점은, 그 외에 다른 방식으로는 일을 해본 적이 없다는 것이다. 더 효율적인 대안을 마다하고 평생을 비효율적으로 일하며 사는 사람도 있다. 자기비판이 없어도 아마 당신은 여전히, 어쩌면 지금보다 더 잘할 수 있을 것이고 삶의 질은 오히려 향상될 것이다. 완벽주의의 페달에서 발을 떼는 순간 맞닥뜨리게 될 부정적인 결과들을 향해 완벽주의가 경고할 것이다. 그것 역시 일관성의 덫이다. 마치 친구가 어떤 레스토랑의 음식이 형편없다고 말했다고 해서 절대 그곳에 가지 않는 것과 같다. 당신의 이성이 말하는 삶이 아닌 있는 그대로의 삶을 경험해라. 자기비판이 삶의 가장 큰 동력이기를 원하는가? 다른 삶을 원한다면 위험을 감수해라. 주체적인 삶을 사는 것이 어떤 기분인지 느껴보아라.

사실 많은 이들이 꼬리표와 이야기로 자신을 규정하고

거기에 맞추어 해야 할 행동과 하지 말아야 할 행동을 가르며 산다. 특히 완벽주의자의 꼬리표와 이야기는 '쓸모없는', '멍청한', '무능한', '비호감'처럼 대체로 부정적이다. 꼬리표에 강하게 집착하면 행동에 영향을 미치고 불필요한 고통을 유발하며 자신과 세상에 대한 인식을 왜곡한다.

지금까지 꼬리표와 이야기를 다른 관점에서 관찰하는 과정을 설명했다. 마치 하늘에서 산을 내려다보는 것처럼 자신과 꼬리표와 이야기 사이에 거리를 두고 관망해볼 것을 권했다. 꼬리표가 없다면 당신의 중심을 무엇으로 잡을 것인가? 다음 장에서는 중심을 잡게 해줄 가치에 대해 생각해보고 그 질문의 답을 찾아볼 것이다.

제 6 장

가치를
설정해야 하는 이유

삶의 우선순위를
위한 질문

겉보기에는 똑같은 하루라도
'가치'에 따라 사는 삶과 그렇지
않은 삶에는 차이가 있다. 가치를
설정하지 않은 삶은 꾸역꾸역 체크
리스트를 지워가는 행위와 다름없다.
반대로 자신이 선택한 가치에 따라
사는 삶은 자부심과 충족감, 활력이
넘친다. 단순히 즐겁고 유쾌한 삶을
보내게 된다는 말이 아니다. 힘겨운
시간을 견뎌야 할 이유, 지금 하는
일의 의미를 발견할 수 있다는
뜻이다. 가치는 적극적으로 현재를
살게 한다.

최근 당신의 삶이 멋지다고 생각했던 때가 언제인가? "와, 너무 좋은데?"라고 생각했던 순간 말이다. 아마도 힘들이지 않고 현재에 머물렀을 때, 이성의 소음이 잠잠해졌을 때, 혹은 방어기제가 완전히 무너졌을 때일 것이다. 그런 순간을 '몰입의 상태'라고 부르는 사람도 있다. 아마도 몰입하는 순간이 좀 더 자주 찾아왔으면 좋겠다고 생각했을 것이다. 과거로 돌아가 온전히 현재에 머물렀던 순간을 찾아보아라.

몰입의 순간들은 자신의 가치가 무엇인지, 진정 소중한 것은 무엇인지 말해준다. 순수한 만족의 순간들이 당신에겐 얼마나 자주 찾아오는가? 만약 완벽주의와 사투를 벌이고 있다면 자주 찾아오지 않을 것이다. 더 열심히 일하고, 실적을 좇고, 해야 할 일들을 목록에서 지워나가고, 일을 망치지 않는 것에 집중하느라 당신의 가치에는 소홀했을 것이다. 가치에 맞는 일이라 충만감을 느껴야 할 상황일 때조차 깨닫지 못했을 것이다. 가족과 함께 여행을 다녀왔는데도 여전히 공허한 것처럼 말이다.

나에게 소중한 것들을 알지 못하고, 그것들과 연결되지 못할 때 존재론적 불안과 두려움이 밀려든다. 마치 기다림이 삶이 되어버린 것조차 깨닫지 못한 채 끊임없이 무언가를 초조하게 기다리는 것과 같다.

가치의 발견

우리가 말하는 '가치'는 대부분의 사람들이 말하는 가치와는 다르다. 첫째, 자유의지로 선택했고 아무도 중요하게 생각하지 않아도 당신에게는 본질적으로 의미 있는 것이어야 한다. 둘째, 목적지가 아닌 방향성이다. 언제든 가치를 향해 나아갈 수 있지만 가치를 달성해서 끝내는 것은 불가능하다. 셋째, 전적으로 당신의 통제권 안에 있으며 외부적 요인들에 의존하지 않는다. 가치의 주된 기능은 거친 바다의 등대처럼 길을 잃었을 때 방향을 알려주는 것이다.

소중한 가치를 알고, 가치를 기준으로 삶의 질을 평가하는 과정은 중요하다. '좋은' 삶이란 가치에 부합하는 삶이고, '좋은' 행동은 가치를 향해 나아가는 행동이다. 느낌으로 행동을 판단하는 것과는 다르다. 느낌을 바탕으로 행동을 판단하면 불쾌한 생각과 감정을 줄이거나 통제하는 것이 좋은 행동이 된다. 그 차이가 중요한 이유는 좋은 가치의 요건을 충족하는 것이 좋은 느낌의 요건을 충족하는 것보다 훨씬 자신의 통제권 안에 있기 때문이다. 가치를 기준으로 누군가를 돕는다면 그를 돕고 싶어서 돕는 것이지만, 느낌을 기준으로 누군가를 돕는다면 죄책감을 느끼지 않기 위해 돕는 것이다.

가치는 '성공하기'처럼 주변 사람들의 기대나 바람으로

만들어지는 것이 아니고, '일요일에 교회 가기'처럼 할 일 목록에 적었다가 쉽게 완료하고 지울 수 있는 일도 아니며, '사랑받기'처럼 당신의 통제권을 벗어난 것도 아니다. 가치가 자신의 통제권 안에 있어야 한다는 말은 다소 혼란스러울 수 있다. 어쩌면 당신은 본래 사랑받는 것을 중요하게 생각하는 사람이고, 사랑받기 위해 항상 더 노력할 수 있다는 관점에서 보면 '사랑받기'는 처음 두 조건을 만족시킨다. 그러나 사랑받는 것은 스스로 일으킬 수 있는 일이 아니기 때문에 가치가 될 수 없다. 사랑스럽게 행동하기로 선택할 수는 있지만 사랑받는 것을 당신이 선택할 수는 없다. 가치가 자신의 통제권 안에 있어야 한다는 조건은 가치가 삶의 질을 결정한다는 개념과 연결된다. 당신이 통제할 수 없는 영역의 가치를 선택한다면 좋은 삶을 살아가는 데 필요한 권력을 무심코 양도하는 것이다. 결국 무력감을 느끼게 되고 느낌과 원칙이 행동을 결정하도록 내버려두는 것과 비슷한 상황이 된다.

무엇이든 가치가 될 수 있다. 신념의 옹호, 진정성, 자율성, 연민, 창의성, 소통, 청렴, 신뢰, 자연 모두 가치가 될 수 있다. 당신을 살아 있게 하는 것, 설레며 하루를 시작하게 만드는 것, 기꺼이 고통을 감수하게 하는 것이 무엇인지 생각해보아라. 거기서 출발해라. 가치에는 좋은 것도 나쁜 것도 없으며, 옳은 것도 틀린 것도 없다. 당신이 선택했기에 옳다. 당신의 가치를 변명할 필요는 없다. 의미 있는 삶을 즐길 사람도 당신이고, 가치에서 멀어진 삶을 살며 괴로워할 사람도 당신이다. 주변의 영향을 받을 수도 있겠지만, 결국 당신의 삶을 살아낼 사람은 당신 자신이다.

가치의 기능

등대 역할을 하는 것 외에도 가치는 힘겨운 시간을 목적의식으로 채색한다. 그것이 바로 편안한 침대를 놔두고 벌레가 우글거리는 숲속에서 캠핑을 하는 이유이다. 가치는 스물일곱 번째 똑같은 불평을 늘어놓는 친구의 얘기를 들어주는 일에도, 새벽 4시에 일어나 등산을 하고 해돋이를 보는 일에도, 개가 소파에 토해놓은 것을 치우는 일에도 의미를 부여한다. 고대하던 스키 여행을 포기하고 아픈 배우자를 간호한다는 게 그리 즐겁지 않을 수 있다. 그러나 배우자가 도움이 필요할 때 곁에 있어주는 것을 중요하게 생각하는 사람이라면 기꺼이 그렇게 할 것이다. 콧물 묻은 휴지들을 치우면서도 가치를 실현하는 일로 느껴질 것이다. 스키를 타는 것보다 훨씬 덜 즐거운 일이겠지만 사랑하는 이를 돌보는 일이 곧 자신이 되고자 하는 사람이 되는 일일 것이다. 반면 똑같은 일을 가치와 연결되지 않은 상태로 한다고 생각해보아라. 겉보기에는 똑같은 하루겠지만 내면의 풍경은 사뭇 다를 것이다.

행동에 의미를 부여하게 되면 평상시 같으면 피했을 행

동, 심지어 본능적으로 피하게 되는 행동조차 가치이기 때문에 하기도 한다. 예를 들면, 당신의 가치가 건강해지는 것인 경우 근육통은 힘을 기르는 과정이다. 격한 운동 뒤의 근육통을 즐기며, 근육통이 심하다는 것은 곧 건강해지고 있다는 의미이기에 그 불편한 느낌을 감수하기로 선택한다. 좀 더 섬뜩한 예를 들어보자. 당신의 엄지손가락을 기꺼이 포기할 수 있는가? 아마 쉽지 않을 것이다. 그러나 엄지손가락으로 사랑하는 사람을 극악무도한 살인마로부터 구할 수 있다면? 그 살인마가 몸값으로 오직 당신의 엄지손가락만을 원한다면? 내놓을 수 있다는 대답이 곧바로 나오지는 않더라도 사랑하는 사람을 구할 수 있다면 최소한 고려라도 해볼 것이다.

반대로 가치 없는 삶은 고통스럽다. 가치가 없으면 아무 생각 없이 주어진 일을 꾸역꾸역하고, 결코 끝나지 않는 일들의 목록을 지워가며 하루가 끝나기만을 손꼽아 기다릴 것이다. 이 모든 것이 내가 원하는 일이라고 스스로를 설득하면서. 가치와 단절되면 삶을 즐길 능력을 잃어버린다. 바라던 직업을 갖고, 안락한 삶을 누릴 정도로 돈을 벌고, 사랑하는 가족, 멋진 친구들, 근사한 취미생활을 가진 사람도 여전히 공허함을 느낄 수 있다. 온갖 특권을 누리면서도 행복하지 않은 자신을 질책할 때 고통과 괴로움이 찾아온다. 마땅히 행복해야 할 상황에 놓여 있다고 당연히 행복해지는 건 아니다. 인간의 감정은 논리를 따르지 않기 때문이다. 잠시 멈추고 당신이 하고 있는 일의 의미와 동기를 찾아보아라.

나에게 소중한 가치는 무엇인가

가치는 당신이 어떤 사람이 되고 싶고 무엇을 위해 살고 싶은지를 대변한다. 가치에 관한 조언으로는 "당신 자신이 되어라"보다 "당신이 되고자 하는 사람이 되어라"가 더 적절하다. 당신이 존경할 만한 사람이 되어라. 언젠가 삶을 되돌아보았을 때 자신이 한 일 혹은 하지 않은 일을 생각하며 뿌듯해할 수 있는 사람이 되어라. 내면의 두려움이 결코 당신은 될 수 없다고 말하는 그 사람이 되어라. 일이 어떻게 '되어야만' 하고, 어떤 사람이 '되어야만' 한다는 개념에 여전히 집착하고 있다면 가치를 규명하기가 더 어려워진다. '해야 하는 것'과 '가치'가 혼동되기 때문이다. 성공에 가치를 두는가, 성공을 위해 '노력해야만' 한다고 믿는가? 가족을 부양할 수 있는 능력에 가치를 두는가, 그것이 '해야만 하는' 일이라고 믿는가? 해야만 하는 일들은 자유롭게 선택한 가치만큼의 열정을 주지 않는다. 오히려 자신을 애태우고 더 불만스럽게 할 뿐이다.

진정한 가치를 찾으려면 원칙들과 거리를 유지하고, 잘못을 저질렀을 때의 불편한 감정을 느낄 공간을 만들고, 지금 하는 일과 원하는 삶 사이의 괴리로 인한 고통을 가만히 지켜볼 수 있어야 한다. 당신은 어떤 사람이 되고 싶은가? 무엇을 옹호하는가? 무엇이 당신의 고통을 가치 있게 만드는가?

다음은 가치를 찾는 데 도움이 되는 질문들이다.

1. 아무도 알아주지 않는다 해도 당신이 소중히 여기고 나아가고 싶은 방향이 있는가?

2. 뒷일을 생각할 필요가 없다면 어떤 삶을 살고 싶은가?

3. 복권에 당첨된다면 무얼 하겠는가?

4. 당신의 묘비명에 어떤 글이 적히길 원하는가?

5. 당신이 죽은 뒤에 가까운 이들이 당신을 어떻게 기억해주길 원하는가?

6. 아주 작은 것이라도 당신에게 기쁨을 주는 것은 무엇인가?

7. 그 일이 가져다줄 고통을 알면서도 반복해서

하고 싶은 일은 무엇인가?

질문에 대한 답변을 생각만이 아닌 단어나 문장으로 직접 써보는 시간을 가져보길 바란다. 이런 연습이 가치를 찾는 데 도움이 되긴 하지만 올바른 방식이 따로 있는 건 아니다. 가치를 찾는 것은 옳은 대답을 찾는 것도, 옳은 동기(이것 또한 원칙이다)를 찾는 것도 아니다. 당신의 영혼을 채우고 마음을 따뜻하게 하는 것들을 찾는 것이다. 시간이 흐를수록 가치들을 점점 더 깊이 이해할 수는 있겠지만 자신의 가치를 명확하게 꼭 집어 단정하는 건 사실상 불가능에 가깝다. 인간의 욕구는 항상 변하고, 그 욕구를 충족시킬 수 있는 방법들 또한 무한하기 때문이다. 그 불확실성 또한 인정하길 바란다.

앞으로 일주일 동안 당신이 적어놓은 가치들을 계속 다듬어보라. 되도록 구체적으로 설명해라. 예를 들면, 관계를 소중히 여긴다고 뭉뚱그려 말하는 대신 '자상한 배우자 되기' 혹은 '가족과 함께하는 시간 늘리기'라고 써라. 목록에 살을 붙여서 각각의 항목이 당신에게 어떤 의미인지를 분명히 하라.

그다음엔 가치에 부합하도록 행동하고 그 행동의 결과를 확인해라. 전보다 그 행동을 좋아하게 되었는가? 더 '좋아한다'는 것이 단순히 더 즐겁고 유쾌한 것을 뜻하진 않는다. 그보다는 힘겨운 시간을 견뎌야 할 이유를 찾고, 시간을 보내는 방식에 자부심을 느끼고, 하는 일의 의미를 발견하는 것을 뜻한다. 만약 달라진 게 거의 없다면 가치 목록을 다시 점검해보라.

가치와 연결하기

가치를 찾는 것은 시작에 불과하다. 그다음엔 당신을 가치와 연결해야 한다. 가치와 연결한다는 것은 행동 이면의 목적을 알고 그 행동이 현재 상황보다 더 큰 목표를 향한 한 걸음임을 인식하는 것이다. 즉, 가치는 적극적으로 실현되어야 한다. 가치는 우연히 일어나는 일이 아니다. 당신이 자유의지로 그에 맞게 행동하는 것이다. 예를 들면, 임상심리학자인 나에게는 조사지가 제대로 구성되었는지 꼼꼼하게 살피고 데이터를 입력하는 일이 번거롭고 고된 일이다. 그러나 언젠가 사람들에게 도움을 줄 수도 있는 유용한 지식을 창출하고 전하고 싶다는 가치에 이 일이 도움이 된다는 점을 생각하면서, 다른 일을 할 수 있는데도 굳이 이 일을 선택하는 것이다.

사실 우리에겐 거의 항상 다른 선택지가 있다. '반드시 해야만 하는' 일이란 없다. 졸업한 뒤 꼭 취업해야만 하는 건 아니다. 누구에게나 친절해야만 하는 것도 아니다. 아이들의 과제를 도와주어야만 하는 것도 아니고, 비행기 출발 네 시간 전에 공항에 도착해야만 하는 것도 아니고, 일요일마다 빨래를 해야만 하는 것도 아니다. 당신이 의식하지 못할 수도 있지만 당신이 그렇게 하기로 선택한 것이다.

여기서 말하는 선택은 행동의 결과를 기꺼이 감수하겠다는 뜻이다. 당신이 어떤 일을 해야만 한다고 말한다면 아마도 그 일을 하지 않았을 때의 결과를 감수하고 싶지 않다는 의미일 것이다. 대학원 마지막 학기에 낙제해서 그간의 노력을 물거품으로 만들고 싶지 않을 것이고, 애인과 영화를 보기로 한 날 바람을 맞혀서 그의 분노를 사는 위험을 감수하고 싶지 않을 것이다. 그 선택이 아무리 내키지 않더라도 여전히 선택은 선택이다. 나는 졸업 후에 취업 원서를 내기로 선택했다. 모두에게 친절하기로 선택했다. 아이들의 숙제를 도와주기로 선택했다. 비행기 출발 네 시간 전에 공항에 도착하기로 선택했다. 매주 일요일에 빨래를 하기로 선택했다. 행동들을 선택으로 인식한다면 당신이 할 수 있었던 다른 선택들도 분명해진다. 새로운 프로젝트를 시작할 의욕이 생길 때까지 기다리기로 선택하는 대신 의욕이 없는데도 시작하기로 선택할 수 있다. 원칙과 두려움이 아닌 가치에 기반을 둔 선택을 할 때 삶이 어떻게 달라질지 그려보아라.

가치를 추구하는 삶은 새로운 방향을 제시함으로써 당신을 완벽주의에서 벗어나게 할 뿐 아니라 충족감과 활력을 준다. 완벽주의 원칙들과 가치가 팽팽하게 대립할 때 자신에게 물어보아라. 옳은 게 중요한가, 자유로운 게 중요한가? 가치를 향해 첫걸음을 내딛는다는 것은 평생 당신의 행동을 통제해왔던 틀에서 벗어나는 것이고, 동시에 두려운 일이다. 그러나 스스로 걸어서 밖으로 나갈 수 있다는 사실을 깨닫고 우쭐해진 어린아이처럼 세상이 주는 온갖 선물이 그 두려움을 덮을지도 모른다.

당신이 맞닥뜨리게 될 난관

가치를 추구하는 일이 공원을 산책하는 것처럼 쉽기만 한 건 아니다. 자신에게 무엇이 소중한지 알아내는 순간 바로 그 일을 '할 수 있어야만' 한다고 생각하는 사람들이 많다. 일관성은 말한다. 당신이 어떤 일을 정말 좋아한다면 그 일을 바로 할 수 있을 거라고. 반대로 당신이 어떤 일을 하지 않는다면 그건 그만큼 그 일을 좋아하지 않는다는 뜻이라고. 이런 인지의 올가미에 걸려들면 가치를 추구하는 일은 더 복잡해진다. 옳은 가치를 찾는 것에 집착하게 되고, 가치를 미루게 되고, 가치를 원칙처럼 대하게 되고, 결국 가치로부터 멀어진다. 따라서 가치를 발견하고 가치와 연결되기까지 맞닥뜨리게 될 난관을 이해하는 것이 도움이 될 것이다.

가치를 잘못 정했다 완벽주의 성향을 지닌 이성은 당신이 올바른 가치를 찾았는지 의심할 것이다. 가치를 찾는다는 건 정말이지 중대한 일 아닌가. 만약 가치를 잘못 정하고 그 방향으로 나아간다면 삶은 가치와 조화를 이루지 못할 텐데, 그래서 엉망진창이 될 텐데…. 잠시 한 걸음 뒤로 물러나 지금 머릿속에서 어떤 일이 벌어지고 있는지 보아라. '완벽주의 가라사대'가 또 시작인가? 이번에는 아마도 "올바른 가치를 찾아야만 가치 있는 삶을 살 수 있어"라는 원칙을 들고 나타났을 것이다. 머릿속이 시끄러울 땐 완벽주의의 원칙을 간파하기 어려울 수 있다. 따라서 원칙, 기대, 불안, 스트레스, 걱정으로부터 자유로운 당신과 교감해라. 가치를 정할 때 당신이 틀릴 수 있음을 받아들여라.

가치에 따라 행동할 준비가 되지 않았다 당신이 선택한 가치에 탑승하기 전에 이성이 또 다른 원칙을 들이밀 수도 있다. 가치에 맞게 행동하기 전에 일단 준비가 '되어야만' 한다는 원칙이다. 준비가 된다는 건 여러 가지 의미로 해석될 수 있겠지만, 대체로 가치를 제외한 모든 것을 챙기는 것을 뜻한다. 예를 들면, 운동을 시작하기 전에 아이들을 챙기고 기본적인 집안일을 처리해놓아야 한다든가, 데이트를 시작하기 전에 진지한 관계를 맺는 것에 대한 불안감을 없애야 한다든가. 당신의 이성은 일단 삶을 정리하고 난 다음에 가치를 추구하는 삶을 살게 해주겠다고 약속한다. 결국 진정 원하는 삶을 살 준비를 하겠다며 또다시 몇 년을 흘려보내며 가치들을 효율적으로 미루어놓는다. 이성이 녹색등을 켜줄 때까지 얼마나 더 기다릴 셈인가? 삶이 의미 있어지기를 기다리면 모두 해결될까? 이제 완벽주의의 기준을 내려놓고 가치를 추구해라. 과제할 시간이 좀 촉박해도 친구들과 게임 약속을 잡아라. 아직 완벽하게 외우지 못했어도 가족들 앞에서 새로 배운 노래를 불러라. 한 번도 시를 써본 적 없어도 시 수업을 들어라. 당신은 무엇을 선택할 것인가. 완벽함인가, 목표인가?

가치들이 상충한다 여러 가치를 추구하다 보면 가치들이 서로 부딪치는 문제가 발생할 수 있다. 가족과 일 둘 다 소중히 여기는 사람이라면 가족과 함께 요세미티 공원에 가기로 한 일정을 위해 일할 시간을 줄이는 게 옳은가? 프로젝트가 끝날 때까지 가족 일정을 미루는 게 옳은가? 때로는 어떤 가치가 다른 가치보다 더 중요할 수도 있다. 아이의 열세 번째 생일을 축하하기 위해 특별히 계획했던 여행이라면 일을 하루 쉴 수도 있겠지만 그렇게 쉽게 빠져나올 수 있는 상황이 아니라면? 각기 다른 방향으로 당신을 끌어당기는 가치들 중에서 어떤 선택을 해야 할까?

이런 곤경에 처하는 것 역시 어느 정도는 원칙 때문이다. 특히 정답을 알아야 한다는 원칙이다. "반드시 옳은 결정을 해야만 해", "이건 내 가치의 문제인데 실수해선 안 돼", "행동을 취하기 전에 올바른 가치가 무엇인지 알아야 해"라며 완벽주의는 삶을 살아보기도 전에 논리로 삶을 이해하라고 말한다. 이쯤 되면 당신도 어떻게 해야 할지 알 것이다. 대범하게 선택해라. 불확실성에 마음을 열어라. 확실한 것을 추구하는 것 역시 일관성의 덫이다. 지금껏 축적해온 삶의 경험이 당신이 있어야 할 곳으로 안내할 거라고 믿어라.

표면적으로 상충하는 것처럼 보이는 가치들 사이를 항해할 때에는 가치를 실현하는 방식은 유동적일 수 있음을 기억하는 게 도움이 될 것이다. 환경보호를 중요하게 생각한다면 플라스틱 제품을 사지 않고, 자동차를 몰지 않고, 에어컨을 사용하지 않고, 육식을 하지 않는 것을 전부 다 실천할 수도 있다. 그러나 지속 가능하기는 어려울 수 있다. 그 대신 자전거를 탄다든가, 채소 위주로 먹는다든가, 재활용을 하는 것으로 환경운동을 꾸준히 실천할 수도 있다. 유연하게 가치를 추구할 때 캠핑을 간다든가 책을 읽는 것 같은 당신이 좋아하는 다른 일들을 할 수 있는 여지가 생긴다.

당신에게는 지극히 제한된 시간과 에너지, 자원이 존재한다. 모든 상황에서 늘 가치를 추구하며 살 수는 없다. 결국 여러 가치의 우선순위를 정해야 하는 딜레마에 끊임없이 직면한다. 가치는 절대 공짜가 아니다. 하나를 얻으려면 하나를 버려야 한다. 결국 핵심은 이것이다. 한정된 시간을 어떤 가치에 할애할지 결정하고 나서 다른 가치를 놓치게 되리란 걸 알았을 때 그 불편함을 얼마큼 감수할 수 있는가?

가치에서 멀어진다 가치에 연결된 상태로 삶을 살아가는 것은 계속되는 하나의 과정이다. 가치로부터 멀어질 수도 있고 나이가 들면서 가치가 변할 수도 있다. 가치가 점차 선명해져 행동도 그에 맞게 바뀔 수도 있다. 어쩌면 당신은 착한 사람이 되는 것에는 그다지 관심이 없고 사람들이 당신을 불편해하더라도 자신의 생각을 분명하게 말할 때 더 옳은 일을 하고 있다는 생각이 들 수도 있다. 어쩌면 유명한 회사에서 일하는 것보다 프리랜서로 일하는 것에서 삶의 의미를 찾을 수도 있다.

가치를 지키는 한 가지 방법으로는 가치가 현실적으로 도움이 되었는지 경험을 통해 반추해보는 것이다. 느낌도 때로는 유용한 정보를 제공한다는 사실을 기억하고 데이터로 활용해라. 가치에 부합하는 삶을 산다는 것은 아무 생각 없이 주어진 일들과 해야 할 일들을 처리하며 사는 것과 그 느낌이 질적으로 다르다. 심지어 불편한 느낌일 수도 있지만 가치에 맞게 산다는 것은 다시 그 순간으로 돌아가더라도 같은 행동을 선택한다는 의미이다. 예를 들어, 한가로운 주말 낮에 아이의 기하학 숙제를 도와주며 따분함을 느낄 수도 있다. 좋아하는 드라마 재방송을 볼수도 있는 상황이라면 더더욱 그렇다. 그러나 다시 선택의 기회가 주어져도 여전히 그 불편한 기분을 선택할지도 모른다. 왜냐하면 되고자 하는 부모의 모습에 가까워지는 선택이기 때문이다. 그것이 바로 가치의 힘이다.

가치는 자유롭게 선택하는 것이고 도전, 용기, 겸손처럼 행동 지침으로 삼을 수 있는 자질 혹은 존재 방식이다. 가치는 행동을 보다 큰 목표와 연결하여 행동에 의미를 부여한다. 반려견을 산책시키는 것은 힘든 일이라기보다는 반려견을 아끼는 마음을 표현하는 하나의 방식이다. 당신의 가치를 찾기 위해 원칙과 두려움을 초월해 내면을 들여다보라. 진정 좋아하는 것이 무엇인지 물어라. 지금으로부터 10년 뒤, 그 어떤 부담과 책임도 없이 오직 자신만을 위해 살 수 있다면 무얼 하고 싶은가?

가치를 찾고 나면 그에 맞게 행동하라. 가치를 실천할 때 불확실성을 포용하라. 가치가 옳은지 매번 알 수 있는 건 아니다. 가치가 당신에게 맞지 않다면 수정해라. 가치를 명확하게 설정하기까지 시행착오를 겪어야 할 수도 있다.

가치가 아름다운 이유는 그것이 항상 우리 곁에 있기 때문이다. 가치를 향해 나아갈 기회는 매 순간 존재한다. 가치는 미래의 결과가 아니다. 오직 지금 여기에서만 경험할 수 있다. 다음 장에서는 당신의 이성과 현대사회가 결과 중심으로 삶을 평가할 것을 강요해도 중심을 잃지 않는 법에 대해 이야기하려 한다.

제 7장

인생은 결과가 아닌
과정이다

불안을 조절해주는
주의력 기르는 법

결과보다 과정이 더 값지다는 말은
여러 차례 들어봤을 것이다. 하지만
완벽주의자들은 상대적으로 과정은
무시하고 결과에만 집중하는 경향이
있다. 실제로 우리는 과정에 더
많은 통제권을 가질 수 있는데도
말이다. 미래의 불확실한 결과로부터
벗어날 수 있는 방법은 '**주의력**'을
기르는 것이다. 목표와 가치를 향해
나아갈 수 있도록 주의전환 연습을
시작하자.

당신 삶에서 가장 자랑스러운 일은 무엇인가? 잠시 시간을 내어 생각해보길 바란다.

어떤 종류의 성취인가? 졸업, 아이를 낳은 것, 집을 산 것, 근사한 직장에 취직한 것인가? 만약 그렇다면 별로 놀랍지 않다. 우리는 성공을 결과 중심으로 정의하도록 길들여졌고, 사회는 결과를 무엇보다 중요하게 여기기 때문이다. 윤리적인 직업의식을 가졌다고 상을 받진 않는다. 이익을 창출하고, 자산을 늘리고, 가시적인 성과가 있어야 상을 받는다.

그렇다면 당신 삶에서 가장 수치스러운 일은 무엇인가? 사회는 우리가 가장 부끄러워하고 수치스러워해야 하는 일 또한 알려준다. 학교를 중퇴한 것, 결혼하지 않은 것, 수입이 평균 기준에 미치지 못하는 것, 심리적인 문제로 힘들어하는 것, 심지어 이상적인 목표를 좇는 것. 우리는 은근히 혹은 노골적으로 전하는 문화적 메시지 속의 연관성(부자=좋은 것, 우울=나쁜 것)을 직관적으로 습득했다. 결국 끊임없이 둘 중 한 가지를 원하게 된다. 하나는 더 큰 성취와 더 많은 '좋은' 결과이고, 다른 하나는 무슨 수를 써서라도 실패를 피하는 것과 더 적은 '나쁜' 결과이다.

결과의 좋고 나쁨에만 집중하면 과정을 놓친다. 그러나 결과에 '어떻게' 도달하느냐는 중요하다. 지금 하는 일을 통해 무엇을 얻을 것인지와 그로 인해 벌어지는 상황보다, 그 일을 어떻게 할 것인지에 더 많은 통제권이 있기 때문이다. 예를 들면, 등산을 할 때에는 두 시간 내로 등산을 끝내겠다는 목표보다 자연과 교감하겠다는 목표를 달성하기 더 쉽다. 당신의 통제권을 벗어난 변수들은 거의 항상 존재하기 때문이다. 산에서 발목을 접질릴 수도 있고, 먹구름이 밀려들 수도 있고, 야생동물을 만날 수도 있다. 특정한 결과를 보장하는 것은 당신 능력 밖의 일이다. 클리블랜드 캐벌리어스팀이 르브론 제임스*를 데리고도 NBA 최종 결승전에서 패배할 수도 있는 것처럼 말이다. 더구나 과정을 무시하고 결과에만 집중하다 보면 현재는 손가락 사이로 빠져나간다. 당신은 과거의 성취를 회상하고, 과거의 실패를 곱씹으며 미래를 걱정한다. 반면 머물고 있는 현재는 외면한다. 만약 결과에 집중하는 것이 만족감을 주었다면 삶은 온통 핑크빛일 것이다. 그러나 한번 솔직해져보자. 당신의 삶은 언제 더 의미 있었는가? 결과에 집중했을 때인가, 과정에 집중했을 때인가?

관심의 기회비용

과정이냐 결과이냐의 문제는 곧 주의attention 혹은 지향 orientation의 문제다. 다시 말해서 당신의 주의를 어디에 두느냐의 문제인 것이다. 만약 인간의 주의력이 무한하다면 아무것도 놓

---

*   마이클 조던 이후 가장 성공한 선수로 평가받는 미국 NBA의 농구선수.

치지 않고 모든 일에 주의를 집중할 수 있을 것이다. 결혼식장 테이블 세팅이 엉망이라 속이 부글거려도 여전히 손녀딸의 결혼식에 완전히 몰입할 수 있을 것이다. 그러나 안타깝게도 인간의 주의력에는 한계가 있고 매 순간 어떤 것에 주의를 기울이면 어쩔 수 없이 다른 것에서 주의를 거두게 된다. 어린아이와 놀아줄 때를 상상해보라. 아이와 함께 블록 놀이를 할 수도 있고, 걸음마를 연습할 수도 있고, 숨바꼭질을 할 수도 있다. 그러다 어느 순간, 에릭과 베티의 파티 초대장에 답장하지 않았다는 사실을 떠올린다. 당신의 주의는 아이와의 놀이에서 벗어나 이 문제를 해결하는 것으로 옮겨간다. 결국 아이를 혼자 놀게 하면서 휴대폰을 들고 에릭에게 문자를 한다.

하지만 아이와 함께하는 일상적인 순간들을 뒤로 미루지 않는다면 어떤 이점이 있을까? 어쩌면 지금까지 한 번도 보지 못했던 아이의 오묘한 표정을 볼 수도 있을 것이다. 아이가 처음으로 당신을 부르는 소리를 들을 수도 있을 것이다. 아이가 성장하는 과정에 함께하는 시간을 온전히 음미할 수 있을 것이다. 현재에 집중하는 습관을 들일 수도 있고 그 습관을 다른 상황에 적용해볼 수도 있을 것이다. 이를테면 음식 레시피에 집중하고 싶을 때나 배우자가 오늘 있었던 일들을 이야기할 때에도.

한 가지 짚고 넘어갈 점은 어떤 일을 '놓친다'는 것은 그 일을 좋아할 때에만 일어날 수 있다. 낯선 사람들과의 따분한 대화나 의미 없는 만남 따위를 '놓친다'고 말하진 않는다. 어떤 일은 놓쳐도 괜찮지만 어떤 일은 괜찮지 않다. 크리스마스 아침에 선물을 열어보는 것이라든가, 아이들이 새로운 학교에 입학하는 것, 힘든 이별을 겪은 친구를 위로하는 것, 당신이 가장 좋아하는 스포츠 팀이 역사를 만드는 순간을 지켜보는 것은 놓칠 수 없다.

주의력을 관리한다는 것은 무엇에 집중하고 무엇을 놓칠지 의도적으로 선택하는 것을 뜻한다. 당신이 기꺼이 놓치고 싶은 것은 무엇이며, 반드시 지키고 싶은 것은 무엇인가? 원하건 원하지 않건 당신은 많은 것들을 놓치며 살고 있다. 누구나 루브르 박물관에 가고, 4,000미터 고지에 오르고, 농작물을 직접 키워 먹는 건 아니다. 주의를 집중할 수 있는 에너지 양은 정해져 있고, 그 에너지를 어디에 쓸지 우선순위를 정해야 한다. 소중한 에너지를 당신이 저지른 실수에, 돌이킬 수 없는 대화에, 최악의 시나리오에 쓰고 싶은가? 결혼기념일의 저녁식사에, 당신의 아이가 첫걸음을 내딛는 순간에, 강아지와 함께 처음 산책을 나가는 순간에 쓰고 싶은가?

지난 한 주 동안 당신의 가치에 주의를 집중한 비율이 얼마나 되는지 따져보아라. 어느 정도나 되는가? 당신이 원하는 숫자가 나왔는가?

주의력은 기술이다

그 숫자를 바꾸고 싶다면 주의력을 높일 수 있도록 연습해라. 주의를 집중하는 것도 기술이다. 연습할수록 집중하는 대상에 대한 통제력이 향상된다. 직장에서의 실수를 만회하기 위해 안절부절못하는 것과 컴퓨터 게임에서 룸메이트를 이기는 것 중 하나를 선택할 수 있고, 동료가 나를 좋아하는지 싫어하는지 걱정하는 것과 존 윅의 액션 연기에 심취하는 것 중 하나를 선택할 수 있으며, 점심으로 무얼 먹을지 고민하느라 스트레스를 받는 것과 반려동물을 꼭 끌어안는 순간의 따스함을 음미하는 것 중 하나를 선택할 수 있다는 뜻이다.

주의력을 마음의 무대 위 스포트라이트라고 가정해보아라. 무대 위에는 여러 배우들이 서성거린다. 어떤 배우는 스포트라이트를 받기 위해 시끄럽게 떠들고, 어떤 배우는 기꺼이 배경에 묻히며 외면당한다. 당신은 감독의 역할을 자청하면서 배우들에게 대사를 다른 방식으로 해보라거나, 동작을 좀 더 절도 있게 해보라고 지시한다. 그러나 배우들은 도무지 지시를 따르지 않는다. 배우들을 통제하려 할수록 점점 더 제멋대로 굴 뿐이다. 그러니 지시는 멈추어라. 대신 스포트라이트를 움직여라. 어떤 배우가 무대에 오르고 그들이 어떤 연기를 할지는 통제할 수 없지만, 누가 주목을 받고 누가 어둠 속에 남아 있을지는 당신이 결정할 수 있다.

　　별 볼 일 없는 배우들을 전부 다 무대 밖으로 쫓아낼 방법이 있다면 우리도 알려주고 싶다. 그게 아니라면 연기를 잘하도록 훈련시킬 방법이라도. 무대 위의 모든 것을 완벽하게 통제할 수 있다면 참 좋을 것이다. 그러나 우리는 별 볼 일 없는 배우들을 그냥 내버려둘 것을 권한다. 그들을 무대 밖으로 쫓아내지 않고도 뛰어난 배우들에게 집중할 수 있는 방법을 찾기를 원한다. 배우가 아닌 스포트라이트를 움직여라. 배우들을 움직이는 데는 한계가 있기 때문이다. 배우들은 제멋대로이고 고집불통이다. 그러나 배우들은 실제로 무언가를 강요하거나 당신의 삶을 파멸할 힘을 갖지 못한 생각과 느낌들일 뿐이다. 신발 속으로 파고든 조그만 돌멩이처럼 그들을 빼버리고 싶을 것이다. 그러나 신발 속에 조그만 돌멩이가 있어도 당신은 여전히 목표와 가치를 향해 나아갈 수 있다.

　　이해를 돕기 위해 호흡명상을 언급하려 한다. 호흡명상은 우리가 말하는 주의력 관리법과 상당히 유사하다. 호흡명상은 기본적으로 호흡에 주의를 집중하는 것이다. 들이쉬고 내쉬는 모든 호흡에 주의를 집중하고, 주의가 흐트러지면 바로 알아차리고 다시 호흡으로 돌아오는 것이다. 호흡에 주의를 집중하는 것에 실패했다고 해서 호흡명상을 제대로 못 했다고 생각하는 사람들이 있다. 그러나 호흡명상을 통해 습득하고자 하는 기술은 호흡에 주의를 집중하는 것이 아니다. 어쩔 수 없이 다른 곳으로 흘러가는 주의를 다시 호흡으로 되돌리는 것이다. 기억하기 바란다. 결과가 아닌 과정이다.

의식과 주의를 되돌리는 능력은 걱정을 다스릴 때 특히 유용하다. 걱정이야말로 완벽주의의 가장 큰 특징으로 사람을 몹시 지치게 한다. 걱정의 소용돌이에 휘말렸을 때 느꼈던 기분을 떠올려보자. 꼬리에 꼬리를 무는 '만약'들과 다가올 재앙의 섬뜩한 장면들 속에 갇힌 기분을. 걱정의 소용돌이에 갇혀 있을 때, 그곳에 갇혔다는 사실을 알아차리지 못하면, 그리고 걱정하고 있음을 알아차렸다고 해도 어떻게 대처해야 할지를 알지 못하면 걱정에서 헤어 나올 수가 없다.

의식적으로 주의를 집중할 대상을 선택하는 것이 두 가지 모두에 도움이 된다. 걱정의 소용돌이를 마음이라는 무대의 또 다른 배우로 여길 수 있게 된다. 걱정은 스포트라이트를 독차지하고 자기 얘기만 들어달라고 요구하는 배우이다. 걱정의 목소리가 다른 목소리보다 조금 더 요란하고 조금 더 절박할 수는 있겠지만 특별 공연의 권한을 갖지 않는다. 주의를 전환하게 되면 무대 위의 모든 것들을 볼 수 있기 때문에 다른 선택지들이 더욱 선명하게 보인다. 걱정의 소리 외에 친구의 휴가 계획을 들을 수도 있고, 얼굴에 닿는 서늘한 바람을 느껴볼 수도 있고, 휘파람

새의 경쾌한 노래를 들을 수도 있다. 걱정과 재앙화에서 훨씬 쉽게 자신을 분리할 수 있게 된다. 연습만 하면 누구나 할 수 있다.

주의를 전환하는 방법

언제 어디서나 할 수 있다는 점에서 주의전환 연습은 편리하다. 현재는 늘 당신 앞에 있다. 지금 바로 해보자. 먼저 시끌벅적한 마음의 소음으로부터 한 걸음 뒤로 물러서라. 극장의 발코니로 가서 무대 위에서 서로를 밀치락달치락하는 배우들을 바라보아라. 그들이 동시에 말할 때 울리는 불협화음을 알아차려라. 무대 장식, 좌석의 재질과 극장의 구조를 알아차려라. 이제 극장 밖을 보아라. 지금 무슨 일이 일어나고 있는가? 당신은 무엇을 듣고, 무슨 냄새를 맡고, 무엇을 보고, 무엇을 만지고, 심지어 무엇을 맛보는가? 모든 감각을 느껴보아라. 당신을 둘러싼 환경에 대해 감각들이 하는 말을 들어라. 의식으로 들어오는 모든 자극에 주의를 집중해라. 현재의 메트로놈에 박자를 맞춘다고 생각해라. 소리가 날 때마다 당신은 현재로 돌아온다.

마음이 다른 곳으로 흘러가는가? 그렇다면 잘됐다. 현재로 주의를 되돌리는 연습을 할 기회다. 처음엔 힘들 수도 있다. 인내심을 가지고 서툴 수 있음을 인정하라. 마음이 흘러간 곳을 바라보는 것에서 시작하라. 심지어 그곳으로 빨려 들어갈 것 같은 느낌까지도 알아차려라. 이제 스포트라이트를 받으려 경쟁하는 모든 배우들을 보아라. 그들을 보았다면 스포트라이트를 현재의 소리, 냄새, 장면으로 전환하라. 어쩌면 그 상태가 1초밖에 지속되지 않을 수도 있다. 그 정도면 충분하다. 주의력에 통제권을 행사하는 연습을 계속하다 보면 다음번에 걱정의 회오리가 또다시 당신을 집어삼켜도, 그 틈새에서 빠져나올 수 있다. 넓은 극장 안에서 내가 있고자 하는 위치를 선택할 수 있다.

대체 왜 이런 일을 하라는 건데? 배우 중 한 명이 시간 낭비라고 투덜댈 것이다. 마음의 무대를 바라보고 있을 시간에 메일 네 통은 쓸 수 있었을 거라면서. 완벽주의는 게으름을 경멸한다. 그러나 당신은 결코 게으르지 않다. 게으른 것과는 거리가 멀다. 불안, 스트레스, 걱정으로부터 주의를 거두고 현재로 방향을 돌리려면 얼마나 많은 노력이 필요하겠는가? 수많은 '만약'들과 '해야만 하는' 것들의 블랙홀에서 빠져나와 현재로 돌아온다는 것은 얼마나 힘든 일인가? 주의를 한 곳으로 집중해야 할 때 휴대폰의 유혹에 저항하는 것은 얼마나 불가능한 일처럼 느껴지는가? 당신은 지금 엄청난 일을 하고 있다. 긴 세월 근심과 걱정의 타성에 빠진 스포트라이트를 움직이려고 노력하는 것이다. 당신이 살아가는 데 필요한 자원을 적극적으로, 그리고 의식적으로 선택하는 작업이다. 새로운 주의전환법으로 마음챙김의 힘을 기른다면 얼마나 많은 것을 얻을 수 있겠는가?

메타인지

주의력에는 한 단계가 더 있다. 바로 인지의 인지, 메타인지이다. 즉 인지하고 있다는 사실을 인지하는 것이다. 인형 속에 또 인형이 들어 있는 마트료시카 인형을 떠올려보라. 이는 사고의 과정을 관찰하는 기술이다. 아무 생각 없이 생각들을 믿어버리는 대신 생각하고 있다는 사실을 인지하는 것이다. 마치 우리를 둘러싼 것이 텅 빈 공간이 아니라 공기 분자임을 인지하는 것처럼. 주의가 다른 곳으로 흘러가거나 걱정의 소용돌이 속에 휩쓸리는 순간을 알아차리기 어려운 이유는 인지의 인지를 놓치기 때문이다. 그러나 메타인지 상태를 항상 유지할 수는 없고 매번 유지하려 애쓸 이유도 없다. 따라서 우리가 연습할 것은 근심과 걱정에 휩싸여 자동비행 모드에 돌입해 현재에서 이탈하면서도, 그 사실을 인지조차 하지 못하는 상태를 줄여나가는 것이다.

인간이기 때문에 끊임없이 주의가 분산될 수밖에 없다. 사실 스포트라이트에 과도하게 집착하는 것도 그 자체로 문제를 일으킬 수 있다. 때로는 마음이 방랑하게 하고 자동비행 모드로 접어들게 하는 것도 좋다. 그러나 그 순간을 당신이 결정하기를 원한다. 인지하지 못하는 순간을 인지하려고 연습할수록 주의력의 고삐가 풀리는 순간을 알아차리기 쉽다.

메타인지 능력이 향상되면 그다음으로 해야 할 일은 주

의를 지금 이곳으로, 당신이 원하는 상황으로 가져오는 것이다. 인지를 인지한다는 것은 토끼 굴로 떨어지는 자신의 모습을 바라보는 것이다. 토끼 굴에서 빠져나오려면 먼저 한 걸음 뒤로 물러나 토끼 굴을 보고, 당신의 생각과 느낌을 보아야 한다. 불안, 스트레스, 걱정, 외로움, 수치심, 혹은 죄책감 무엇이든 좋다. 생각과 느낌이 어떤 일을 하는지 어떻게 움직이는지 관찰해라.

한 걸음 뒤로 물러나 바라보는 것은 줌아웃과 비슷하다. 어떤 사물을 너무 가까이 밀착해서 들여다보면 (거미의 얼굴이나 종이에 현미경을 가까이 들이대는 것처럼) 밀실공포를 느낄 수도 있지만 거리를 두면 행동반경이 넓어진다. 친구와 얘기하는 와중에 당신의 이성이 오늘 해야 할 일들을 떠들어대기 시작하면 잠시 멈추고 한 걸음 뒤로 물러나 보아라. 온갖 생각들이 초조하게 앞뒤로 서성거리며 최악의 시나리오를 꾸며댈 것이다. 그러나 점점 더 뒤로 물러나다 보면 다른 것들이 시야에 들어온다. 친구와 나누는 대화 주제, 우정, 이 친구를 좋아하는 이유. 스포트라이트는 당신이 들고 있다. 주의력의 주도권을 회복하고 당신의 뜻대로 움직여라.

마음챙김 이해하기

주의집중은 마음챙김의 일종인데, 마음챙김이라는 말

은 대중문화 안에서 다양한 의미로 쓰이고 있다. 마음챙김과 명상은 유의어로 쓰이기도 해서 어떤 사람들은 그 둘을 같은 것으로 생각한다. 마음챙김이 마음속 불빛에 경배하는 요가 강사의 잔잔한 목소리, 혹은 잔잔한 배경음악을 틀어놓고 진행되는 명상이라고 여긴다. 그런 것들도 분명히 마음챙김의 한 부분이겠지만 넓은 의미의 마음챙김은 '의도성'으로, 에너지를 어디에 집중할 것인지 능동적으로 선택하는 것을 뜻한다. '깨어 있음being mindful'이 우리가 다루고자 하는 바에 조금 더 적절한 표현이다. 따라서 마음챙김에는 단순히 마룻바닥에 앉아 30분 동안 호흡을 조절하는 것 이상의 의미가 있다. 문자 알림에 주의가 흐트러지지 않고 집중해서 글을 읽는 것이고, 음악을 백색소음으로 여기지 않고 악기들의 연주를 감상하는 것이다. 피크닉 매트 위에 누워 땀이 난다고 투덜대기보다 따스한 햇살을 음미하는 것이다. 의도적으로 자극에 주의를 집중할 때 마음챙김을 실천하고 있는 것이다.

마음챙김을 다루다 보면 현재에 머무는 것을 강조하게 된다. 대부분의 사람들이 이를 어려워하기 때문이다. 과거를 곱씹거나("그때 그런 멍청한 실수를 하다니") 미래를 걱정("목표를 달성하지 못하면 어쩌지?")하는 데에는 선수다. 마음챙김 중에서도 우리가 가장 잘 못하는 것이 바로 현재에 머무는 것이고, 따라서 그 기술을 터득하면 가장 큰 성과를 얻을 수 있다. 자유형과 배영을 잘한다면 자유형과 배영을 계속 연습하는 것보다 접영을 배우는 것이 수영을 더 잘하기 위한 효율적인 방법이다. 자유형과 배영이 중요하지 않다는 게 아니다. 단지 당신의 화살통에 화살을 하나 더 넣고 상황에 따라 어떤 화살을 쏠지 선택의 폭을 넓히자는 것이다. 현재에 집중해야 하는 또 다른 이유가 있다면 삶은 오직 현재에서만 일어나기 때문이다. 과거나 미래에 허비하는 모든 순간들은 곧 잃어버린 현재의 순간들이다.

결과가 아닌 과정을 선택한다는 것

현재에 머물기로 선택하는 능력을 기르면 결과보다 과정을 중요하게 여길 수 있다. "내가 원하는 것을 얻었나?"에서 "내가 원하는 방식으로 했나?"로 옮겨가는 기술이다. 물론 사회는 당신이 어떤 방식으로 일을 했는지 별로 관심이 없을지도 모른다. 결과적으로 무엇을 이루었는지에만 관심이 있다. 사회가 결과 중심으로 성공을 정의하도록 몰아가더라도 무엇을 추구하며 살지는 여전히 당신이 결정할 수 있다. 당신에겐 성공의 개념을 과정 중심으로 정의할 능력이 있고, 결과의 유혹에도 불구하고 주의력을 발휘해 과정을 향해 방향을 전환할 힘이 있다.

마지막으로 당신이 특정한 결과를 얻는 것을 목표로 삼았던 때를 떠올려보아라. 훌륭한 업무실적 평가, 동료들의 인정,

깨끗한 집, 완벽하게 촉촉한 케이크, 흠집 하나 없는 가구를 사는 것. 결과에 집중하는 대신 지금 여기 머물기로 선택하고 가치를 실현한다고 상상해보아라. 예를 들면, 회의 도중 발언할 때마다 상사와 동료들이 어떻게 생각할지 걱정하는 대신 서로의 관점을 나누며 협력하고 배우는 시간의 가치를 생각해보라. 데이트 상대가 당신을 마음에 들어 하는지 걱정하는 대신 새로운 사람에게 마음을 열고 호기심에 이끌려 행동하는 가치를 생각해보아라. 결과가 아닌 과정을 선택하는 것이다. 삶에서 과정과 결과가 어느 정도의 비중을 맡고 있는지 점검해보아라. 과정을 중시했던 사례와 결과를 중시했던 사례 중 어느 쪽이 더 충족감을 주는가?

　　과정에 집중하라는 조언에 다소 거부감이 들 수도 있다. 결과에 연연하지 않는 건 불안한 일이니까. 당신의 이성이 온갖 말들을 떠들어댈 수도 있다. 남보다 앞설 동기를 잃거나, 다른 사람들보다 뒤처질까 봐 두려워질 수도 있다. 원칙이나 꼬리표가 다시 기승을 부리기도 할 것이다. "난 항상 최고가 되어야만 해", "늘 나의 목표를 성공적으로 달성해왔어" 무엇이든 다 괜찮다. 그저 그 모든 소용돌이를 알아차려라. 한 발짝 뒤로 물러나 휘몰아치는 소용돌이를 바라보아라. 그리고 소용돌이 밖을 보아라. 마음의 무대 밖에서는 어떤 일이 일어나고 있는가? 당신의 가치는 무슨 말을 하는가?

과정을 중시하라고 이토록 강조하는 이유는, 통제권 밖에 있는 결과를 통제하고 싶은 욕구로부터 벗어나게 해주기 때문이다. 내가 누군가를 행복한 사람으로 만들 수는 없지만 타인을 사랑과 연민으로 대할 수는 있다. 아이들이 바르게 행동하도록 만들기는 어렵지만(특히 공공장소에서) 인내심을 가지고 아이들을 대할 수는 있다. 스트레스 없는 휴가를 장담할 순 없지만 계획이 꼬였을 때 스스로에게 너그러울 수는 있다. 먼 훗날 당신의 묘비명에 어떤 글이 적히길 원하는가? 회사를 설립하고, 수백만 달러를 벌고, 두 개의 박사학위를 따고, 열 채의 집을 소유한 사람이라고 적히고 싶은가? 친절하고, 너그러우며, 포용적이고, 용감한 사람이라고 적히고 싶은가?

목표를 추구하는 과정이 아닌 노력의 결과에만 집중하면 항상 무언가를 뒤쫓는 기분이 들고 과거 또는 미래에 주의가 갇혀 현재를 시야에서 놓치게 된다. 그러나 현재는 삶이 일어나는 유일한 공간이다. 더구나 주의력은 유한하기 때문에 그것을 불안, 스트레스, 걱정에 사용하면 주의를 집중할 가치가 있는 다른 것들, 이를테면 당신이 좋아하는 일과 좋아하는 사람들을 놓치게 된다.

어떤 생각과 느낌이 나타나 주의를 끌지는 통제할 수 없지만 그것들에 얼마만큼의 주의를 기울일지는 통제할 수 있다. 그것이 바로 마음챙김이고, 마음챙김은 당신의 의도대로 주의를 조절하는 것이다. 무대 위 스포트라이트를 조절하듯 주의의 방향을 조절하는 것이 마음챙김을 실천하는 방법이다. 무대 위 배우들을 잘 살펴보고 당신의 목표와 가치를 감안했을 때 어떤 배우가 주목을 받을 가치가 있는지 선택하라. 걱정의 소용돌이에 휘말렸을 때처럼 스포트라이트가 특정한 배우에게 집중되어 있다면 줌아웃을 한 상태로 무대 전체를 보아라. 다시 누구를 주목할지 결정하라. 마음챙김은 무대와 무대 위의 배우들에게로 반복해서 돌아오는 것이다.

당신이 정작 주의를 집중해야 할 대상은 자기 자신이다. 더 구체적으로 말하면 당신의 건강과 행복이다. 다음 장에서 자신을 돌보는 것과 자신에게 친절한 것이 왜 중요한지 설명하려 한다. 물론 완벽주의는 강하게 반발하겠지만 말이다.

제 8 장

자기친절의
쓸모

나를 돌보는 노력은
선택이 아닌 필수

"친절하라. 당신이 만나는 모든 이들이 저마다 힘겨운 전투를 치르고 있으니"라는 문장을 접해본 적 있는가? 완벽주의자는 그중에서도 스스로에게 친절을 베푸는 것을 가장 어색해한다. 모순적이게도 자신을 짓눌러온 무게가 사라지는 것을 두려워하기 때문이다. 자신은 친절을 누릴 자격이 없고, 친절로 인해 실수나 약점이 드러날까 걱정한다. 그러나 '자기친절'은 선택이 아닌 필수이다. 습관처럼 실천해야 하는 영역이다.

'자기연민self-compassion'이라는 말을 들으면 무엇이 떠오르는가? 칵테일을 곁들인 브런치? 향기로운 거품 목욕? 바쁜 하루 중 점심 먹을 짬을 내는 것? 모아브 사막으로 떠나는 배낭여행? 심리학의 수많은 용어들이 그렇듯 자기연민이라는 용어 역시 다양한 의미로 사용되다 보니 언젠가부터 공허하게 들린다. 스파 패키지에 500달러를 쓰고, 매일 아침 거울을 보면서 너는 아름답다고 말하는 것이 자기연민일까? 무분별한 자기연민 마케팅에 많은 이들이 피로감을 느끼기도 한다.

　　어쩌면 당신은 이렇게 말할지도 모른다. "가만히 앉아서 호흡에만 집중할 시간이 없어. 일하면서도 호흡은 얼마든지 할 수 있잖아." 분명히 말하는데 우리는 자기연민을 어쩌다 한 번 누리는 호사, 혹은 만질 수 있는 물건처럼 취급하는 개념화에 반대한다. 자기연민을 스스로에게 친절하고도 다정한 행동들로 본다. 자기 자신을 여느 사람들 대하듯, 제대로 대우받아 마땅한 누군가를 대하듯 행동하는 것을 말한다. 이렇듯 자기연민이라는 말이 다양한 의미를 내포하고 있다 보니 불필요한 실랑이를 일으킬 수도 있어서 우리는 자기연민 대신 '자기친절'이라는 말을 사용하려 한다.

자기친절의 정의

자기친절은 인간의 행복을 보존하고, 보호하며, 강화하는 행동범주를 말한다. 자기친절은 자기탐닉이 아니다. 시인이자 페미니스트인 오드리 로드는 자신의 수필집《버스트 오브 라이트A Burst of Light》에서 "자신을 돌보는 것은 자기탐닉이 아닌 자기보존의 행위이며, 투쟁하며 지켜야 할 명분이다"라고 멋지게 표현한 바 있다. 자기친절은 쓸데없는 짓이 아니고 선택사항도 아니다. 자기친절의 핵심은 잘 자고, 잘 먹고, 운동해서 몸을 건강하게 유지하고, 뇌가 호기심과 자극에 민감하게 반응하고, 심장이 사회적 유대와 자기존중의 경계 안에서 고동치게 하는 것이다. 이것은 삶의 질에 필수 요건들이다.

자기친절은 완벽주의와 마찬가지로 어떤 행동의 기능이나 목적에 의해 규정되기 때문에 자신을 돌보기 위한 행동이라면 무엇이든 자기친절로 간주할 수 있다. 자기친절은 새 컴퓨터를 장만하는 일처럼 큰 결심을 하고 행동하는 것에서부터 절대 거절해선 안 된다고 생각했던 일을 거절하는 것처럼 사소한 행동에 이르기까지 다양하다. 어떤 사람에게는 직장에 휴가를 내고 드라마를 보는 것이 자기친절일 수 있고, 어떤 사람에게는 아침 8시에 회의가 있으니 자정에 새 드라마 시리즈를 보지 않는 것이 자기친절일 수도 있다. 어떤 행동이 자기친절인지 아닌지는 그 행동을 하는 이유에 따라 다르다. 당신의 행동은 불편한 상황을 피하기 위한 것인가, 삶의 질을 높이기 위한 것인가?

완벽주의의 관점에서는 단순히 스스로에게 실수를 허용하는 것이 자기친절인 경우가 많다. 상사에게 보낼 이메일의 인사말을 어떻게 써야 할지 몰라 한 시간 넘도록 고민했다면, 그중한 가지를 선택해서 보내버리는 것이 자기친절이다. "인사말을 제대로 못 썼어도 괜찮아. 상사가 내 메일을 어떻게 받아들이든 난 괜찮은 사람이니까"라고 스스로에게 말하는 것이다.

자기친절은 일상적으로 실천하는 행위이다. 그런데 마치 해독주스를 마셔서 몸의 독소를 제거하는 것처럼 어쩌다 한번씩 작정하고 선심 쓰듯 자신을 돌보면 평상시에는 지속적으로 자신을 마구 갈구어도 된다고 생각하는 사람들이 많다. 자기친절의 행동으로 아주 거창한 무언가를 해야 한다고 생각하고 자기친절의 장벽을 높이며 결국 자기친절의 기회를 더욱 피하게된다. 마치 팔굽혀펴기를 하루에 300개씩 하겠다는 목표를 세우는 것과 같다. 무리한 목표를 세우면 어떻게든 운동을 피할 궁리만 하게 되지 않는가.

일상 속 사소한 자기친절의 행동이 더 중요한 이유는 더쉽게 더 자주 할 수 있기 때문이다. 자기친절을 건강을 위해 실천하는 다양한 습관 같은 것이라고 생각해보자. 어떤 사람이 1년에 한 번 스케일링을 받는다는 이유로 매일 양치를 하지 않는다면 어떻게 될까? 그 사이에 세균, 플라크, 박테리아가 지속적으로 쌓일 것이고 계속 방치한다면 잇몸병이나 충치가 생길 위험이 높아진다. 이가 썩을 때까지 기다렸다가 그제야 양치질을 규칙적으로 하는 것은 옳지 않다. 마찬가지로 왜 신경쇠약으로 무너질 때까지 기다렸다가 그제야 정신건강을 돌보려 하는가? 충치가 없다는 것은 규칙적인 양치질이 효과가 있음을 증명하는 것이다. 마찬가지로 자기친절은 습관처럼 실천해야 가장 효과적이다. 어쩌다 한 번 잠을 못 잤을 때 그것을 만회하는 편이 지속적으로 계속 잠을 못 잤을 때보다 만회하기 쉽다. 오랫동안 잠을 제대로 못 잤다면 하루 늦잠을 잔 것으로 회복을 기대할 수 없다. 간헐적인 자기친절을 투입하는 것으로 번아웃과 무자비한 자기비판을 완화하는 극적인 효과를 기대하는 것은 황당한 일이다.

비유를 계속해보자면, 당신은 하고 싶을 때만 양치를 하지도 않고 시간이 있을 때만 양치를 하지도 않는다. 그 일의 필요성을 인식하기 때문에 어떻게든 한다. 그러면서도 자기친절은 불필요한 것으로 여기고 누릴 여유도, 필요도 없는 사치로 여긴다. 자신을 돌보는 것을 제외한 모든 일을 우선순위에 두면서 왜 회의하다가 잠이 드는지, 왜 직장에서 부주의한 실수를 하는지, 왜 문자에 답하는 것을 잊는지, 왜 중요한 대화를 나눌 때 집중할 수 없는지 의아해한다. 분명 심각한 문제다.

매일 이를 닦는 것처럼 자기친절을 습관으로 만들 수 있도록 연습해야 한다. 당신의 기분, 동기, 일정과 상관없이 늘 자신에게 친절하라는 뜻이며 자기친절에 조건을 붙이지 말라는 뜻이다. 어쩌면 습관으로 만드는 과정이 지루하고 귀찮을 수도 있다. 밤을 새고 들어와 눈을 뜨고 있기도 힘들 때엔 아주 지긋지긋할 것이다. 하지만 중요한 점은 양치질은 기분이 좋아지려고 하는 일이 아니라는 것이다. 도움이 되는 일이라 하는 것이다. 온갖 이유를 대고 양치질을 하지 않을 수도 있다. 피로감이 청결의 필요성을 이길 수도 있다. 그것 역시 괜찮다. 중요한 것은 그 모든 것을 인지한 상태로 결정을 내리는 사람이 바로 자기 자신이어야 한다는 점이다.

자기친절을 가로막는 것들

자기친절을 치아 위생에 비유하긴 했지만 그만큼 간단한 일이기도 하고 그보다 복잡한 일이기도 하다. 어떤 행동이 건강에 도움이 되는지 알고 어떻게 시작해야 하는지 인지하고 있다는 점에서는 간단하다. 잠자리에 들 시간에는 모니터의 블루라이트를 멀리해야 하고, 균형 잡힌 식단을 유지해야 하고, 규칙적으로 운동해야 하고, 우정을 소중히 여겨야 한다는 걸 안다. 설령 자기친절이 뭔지 모른다고 해도 배우자와 집을 정리하는 방식 차이로 말다툼을 하거나, 친구들과 나눈 대화를 곱씹으면서 혹시 기분 상할 만한 일들이 있었는지 분석하거나, 마감 날짜를 맞추려고 잠을 안 자는 것이 건강에 해롭다는 것 정도는 알 것이다. 그러나 자기친절은 단순히 뻔한 일을 하는 것을 뜻하지 않는다. 만약 그런 의미였다면 우리 모두 이미 아주 잘하고 있을 것이다. 자기친절은 앞서 논의했던 모든 기술들을 토대로 세워진다는 점에서는 다소 복잡하다. 먼저 온갖 소음과 스트레스에서 벗어나 자신의 내면에 연결되어야 한다.

자기친절의 가장 큰 장애물은 당신이 그런 친절을 누릴 자격이 없다고 믿는 것이다. 자기친절은 일종의 특별대우라 훌륭한 일을 성취했을 때에만 누릴 수 있다는 잘못된 믿음을 가지기 쉽다. 한번 생각해보기 바란다. 양치질을 할 자격을 얻기 위해 특별한 일을 해야만 하는가? 완벽주의에 대해 조금이라도 알고 있다면 당신이 결코 충분히 잘할 수 없으리란 것 또한 알고 있을 것이다. 마음속 깊은 곳에서 이런 소리가 들려온다. '내가 자기친절을 누릴 자격이 있을 정도로 잘한 일은 결코 없다', '목록에 적혀 있는 모든 일들을 해치우기 전에 휴식이란 있을 수 없다', '비호감에게 사랑이란 있을 수 없다', '완벽하지 않은 결과물에 칭찬이란 있을 수 없다.' 이러한 자기비판의 해독제가 바로 자기친절인데 자기비판이 자기친절을 가로막고 있는 것이다.

따라서 자기친절을 실천하기 위해서는 몇 가지 조건이 전제되어야 한다. 자기비판적인 생각에 휩쓸리지 않고 그 흐름을 관찰하는 것, 친절을 누릴 자격이 없다는 불편한 느낌과 거리를 두는 것, 도움이 되지 않는 꼬리표들로부터 자신을 분리시키는 것이다.

당신이 스스로에게 친절하기가 두려운 이유는 어쩌면 친절이 불러올 파장 때문일 수도 있다. 어색하게 들리겠지만 자기친절에 거부감이 드는 이유 중에는 자신을 짓눌러왔던 무게가 사라지는 것에 대한 두려움도 있다. 말하자면 당신이 원하는 일을 뭐든 할 수 있는 상황이 두려운 것이다. 만약 칭찬을 받아들이고 '넌 부족해'라는 마음속 이야기를 무시한다면 어떤 일이 벌어지겠는가? 아마도 당신의 이성은 그랬다간 곧 파멸할 거라고 설득할 것이다. 지금도 엉망인데 더 엉망이 될 거라고. 당신은 게으른 데다 멍청하기 때문에 지금보다 덜 성취하고 더 미루게 될 거라고. 자기비판을 연료로 사용하는 방식을 경계해야 하는 이유는 여러 가지가 있다. 첫째, 불필요한 고통을 과도하게 유발한다. 둘째, 채찍을 사용하는 방식은 장기적으로는 통하지 않는다. 결국 분노에 휩싸이고, 극도의 피로감을 느끼고, 자신을 향한 비판을 자기실현적 예언으로 만든다.

자기친절을 향한 혐오감 속에는 스스로 충분히 훌륭하다 믿고 세상과 교류하는 것에 대한 두려움이 자리 잡고 있을 수 있다. 있는 그대로의 자신을 좋아하고 심지어 사랑하는 것이야말로 당신이 그토록 피하고 싶은 위협적인 일인 것이다. 메리앤 윌리엄슨이 자신의 저서 《사랑의 기적A Return to Love》에서 말했듯이 "우리를 두렵게 하는 것은 자신의 어둠이 아닌 빛"이다.

만약 당신의 잠재력이 두려웠던 거라면? 그래서 생각을 억누르고, 경험을 폄하하고, 너무 많은 공간을 차지하지 않도록 몸을 웅크렸던 거라면? 만약 당신이 하고 싶은 말이 일정한 조건, 즉 재미있고 흥미진진해야 하고 독창적이어야 한다는 조건을 충족시키지 못해서 입을 다문 적이 한 번이라도 있다면 자기비판의 벽 안에 갇힌 것이다. 다른 사람들이 편안하게 자신의 일상을 얘기할 때 과연 내가 하려는 말이 말할 만큼의 가치가 있는 건지 세심하게 점검한다. 당신은 스스로의 노력과 성취에 한계를 규정지었다. 사람들이 정식으로 훈련받은 적이 없어도 자신의 음악적 열정을 좇을 때 당신은 이미 할 줄 아는 것에만 집중하며 새로움 없는 따분한 삶을 고수해왔다. 매번 한 걸음 내딛기 전에 두 번, 세 번 생각했다. 광활한 하늘을 비행할 수 있는 방법을 찾은 사람들을 부러워하면서도 날개를 웅크리고만 있었다.

이것이 바로 자기친절의 기이한 역설이다. 어쩌면 당신은 자신이 친절을 누릴 자격이 있는 존재일까 봐 스스로에게 친절하기가 두려운 것이다. 최악의 실패자가 되는 것이 두려운가, 자신의 가장 좋은 모습으로 사는 것이 두려운가? 이 질문에 대한 답을 노트에 적어보아라.

자기친절의 장점

자기친절의 장점은 너무 빤해서 설명할 필요조차 없을 거라고 넘겨짚지 않기를 바란다. 지금부터 자기친절의 장점들을 열거하려 한다. 당신이 자기친절을 인지한 상태로 앞으로 다가올 일들을 판단하길 바란다. 당신이 하는 선택들이 궁극적으로 우리의 논리가 아닌 당신의 가치를 염두에 둔 것이기를 바란다.

시간과 에너지를 절약할 수 있다 자기친절을 실천해야 할 가장 명백한 이유는 에너지 보존이다. 자기비판을 믿는 것만 시간과 노력을 잡아먹는 게 아니다. 우울의 늪에 빠지지 않으려고 자기비판과 싸우는 것 역시 마찬가지다. 자기의심의 회오리가 영혼을 빨아들이고 불길을 지피기 시작하면("혹시 내가 직장에서 겉돌고 있고 모두가 나를 좋아하는 척하는 건 아닐까?") 당신은 그 불을 진화하기 위해 다시 에너지를 소모해야 한다("만약 그렇다면 애초에 왜 날 채용했지?").

그에 반해 자기친절은 불길에서 한 걸음 물러서서 캠핑용 의자에 앉아 모닥불의 탁탁 튀는 불꽃을 바라보는 것이다. 불길을 쑤시고 싶은 욕구를 내려놓고 주위의 숲으로, 당신의 에너지를 쓰고 싶은 어떤 다른 대상으로 주의를 돌리는 것이다. 자기친절은 이성이 습관적으로 하는 말들("왜냐하면 나는 비호감이고 엉망이고 실패자니까")을 알아차리도록 돕는다. 심지어 그 장황한 얘기에 살짝 고개를 끄덕여주고 떠들게 내버려두는 것이다. 말을 보탤 필요도 없고, 논쟁을 벌일 필요도 없고, 설득할 필요도 없다. 그저 상황이 만들어낸 것일 뿐 그 이상의 의미가 없는 이야기로 내버려둔다.

생산적으로 일할 수 있다 자기친절을 당신의 삶에 받아들여야 하는 두 번째 이유는 회피를 줄여서 생산성을 향상시키기 때문이다. 만약 무능해 보일까 봐 혹은 실수할까 봐 두려워 앞으로 나아가지 못하는 일이 종종 있다면, 자기친절은 "그게 뭐 어때서?"라고 적혀 있는 일종의 허가증 같은 것이다. 자기친절은 세상으로 나아가 불확실성을 대면하라 말하고, 설령 일이 잘못되더라도 아무 문제없을 거라고 단언한다.

다음번에 식료품 가게의 신선식품 코너에서 목초방목, 자연방사, 유기농, 곡물사육 등 다양한 종류의 달걀들 중 무얼 사야 할지 고민이 될 때 때로는 실수할 수 있는 인간임을 스스로에게 허락하는 것으로 자기친절을 실천해보기 바란다. 공장사육, 환경문제, 동물복지, 경제사정 등을 따지며 10분을 허비하지 말고 그저 달걀 한 팩을 사보자. 그 선택으로 인해 혹시라도 느끼게 될 죄책감이나 자기비판을 감당할 수 있을 정도로 당신은 단단한 사람이라는 것을 믿어라. 자기친절은 식료품 가게에 몇 시간씩 머물게 만드는 생각들과 느낌들을 무력화한다.

지도에서 길을 찾을 때나, 파티에 어떤 음식을 가져갈지, 드레스룸을 어떻게 설계할지 고민할 때에도 같은 원칙이 적용된다. 정답을 알지 못하는 상태로 행동해도 괜찮다. 실수를 털어버리고 앞으로 나아가는 편이 부족함을 되새기며 우유부단의 진창에서 허우적거리는 것보다 생산적이다.

진정성 있는 인간관계가 가능해진다 자기친절을 실천해야 하는 세 번째 이유는 타인과의 소통능력을 향상시킨다는 것이다. 끊임없이 스스로를 폄하하는 사람과는 친해지기 힘들다. 사방에서 밀려드는 자기비판을 막아내느라 스스로 지치는 것처럼 상대방 역시 그런 당신을 끊임없이 안심시켜야 하는 부담감을 느끼고, 수없이 들었던 자조적인 얘기에 지친다. 자기 자신을 온전하게 받아들이면 본모습과 연결되는 것은 물론이고 다른 사람들 역시 당신의 진짜 모습과 연결된다. 그것이야말로 우리가 가장 원하는 것이 아닐까? 있는 그대로의 모습으로 존재할 때 당신이 사랑하는 사람들도 당신과 함께하는 시간을 즐길 수 있다.

사실 자신의 전부를 드러내는 건 아무래도 어색하다. 타인에게 기꺼이 자신을 완전히 열어 보일 수 있는 사람은 거의 없다. 우리는 강한 면만을 보이도록 길들여졌다. 행복할 때, 건강할 때, 생산적일 때만 자신을 드러낸다. 반면 약한 것이라 여기는 슬픔, 두려움, 의욕부진, 절망감 같은 것들은 숨기거나 시정하도록 길들여졌다. 마지막으로 "웃어 봐", "어깨 펴", "걱정 마", "다 잘될 거야" 같은 말을 들은 게 언제인가. 당신은 스트레스를 받거나 상황에 압도될 때면 손을 뻗는 대신 은신처에 숨어 누구에게도 약한 모습을 보이지 않으려 했을 것이다. 누구에게도 짐이 되지 않고 스스로를 고치고 싶은 마음이 들어서이다. 자기비판은 당신이 세상과 접촉하려면 어떤 조건들을 충족해야 한다고 말한다. 그러한 지시를 따름으로써 위로와 도움이 가장 필요한 바로 그 순간에 가장 기본적인 소통의 욕구를 스스로에게서 박탈한다.

자기친절은 이 모든 원칙들을 제거한다. 괴로울 때에도 사람을 사귀라고, 스스로가 짐 덩어리 같을 때에도 사람들과 어울리라고 말한다. 스스로 자초한 고립은 냉혹하다. 사실 고립은 문자 그대로 일종의 고문이다. 주변 사람들, 아이, 배우자, 친구, 혹은 동료가 오직 그들 스스로가 자랑스러울 때에만 당신과 대화하도록 제한을 두지 않을 것이다. 반면 왜 당신은 스스로에게만은 그 원칙을 강요하는가?

사실 강한 면만을 보여주며 소통하는 방식에는 묘한 아이러니가 있다. 당신은 매사 1등만 하는 뛰어난 사람에게 더 친근감을 느끼는가, 주민 센터에 서류를 떼러 가는 소소한 일상마저 버거워하는 사람에게 친근감을 느끼는가? 더 잘하고, 더 똑똑하고, 더 빠르고, 더 예쁘고, 더 강한 모습은 거리를 만든다. '더'라

는 말 자체가 비교를 통해 사람들과 자신을 구분한다. 완벽주의
가 사실 당신에게 요구하는 것은 사람들과 당신 사이의 거리를
점점 더 벌려놓는 것이다.

자기친절은 그 반대를 요구한다. 자신의 모든 것을, 심지
어 자신이 좋아하지 않는 부분까지 받아들이고 다른 사람들에게
도 같은 기회를 줄 것을 요구한다. 가장 최근에 당신의 약점을 드
러냈을 때를 떠올려보아라. 다른 학부모들을 따라잡기 버거워하
는 어려움을, 남들은 이해하지 못할 거라 생각한 어린 시절의 트
라우마를 털어놓았을 때를. 사람들에게 보여주어야 한다고 믿는
모습이 아닌 있는 그대로의 자신을 드러냈을 때 어떤 기분이었
는가? 약점은 우리를 약하게 하지 않는다. 다만 인간이게 할 뿐이
다. 약점을 드러내는 것은 우리에게 본래 모습으로 살아갈 힘을
주고 세상에 마음을 열게 한다.

자기친절의 진단

자기친절을 연습하는 방법을 알아보기 전에, 먼저 당신
의 현재 상태를 진단해보기 바란다. 현재 당신의 행동과 욕구를
이해하는 것은 어떤 유형의 자기친절을 어느 정도로 실천할지
결정하는 데 도움이 된다. 예를 들면, 당신이 성취를 진심으로 기
뻐하지 못하는 사람이라면 자신의 재능을 인정하고 감사하는 것

에 집중함으로써 자기친절을 실천할 수 있다. 당신이 공동 작업을 어려워하고 의견을 내기 꺼리는 사람이라면 작업에 큰 도움이 안 될지라도 목소리를 내는 것만으로 자기친절을 실천할 수 있다.

다음과 같은 상황에서 당신은 스스로를 어떻게 대하는가? 자신에게 어떤 말을 하는가?

— 곤경에 처했을 때.

— 부주의한 실수를 저질렀을 때.

— 의견을 말했는데 알고 보니 엉뚱한 소리였을 때.

— 목표를 달성했을 때.

— 다른 사람이 당신을 칭찬했을 때.

이럴 때 스스로에게 한 말들을 노트에 적어보아라. "그만 좀 해", "넌 왜 그렇게 멍청하냐?", "넌 항상 일을 망쳐", "아무도 널 좋아하지 않아", "다들 너 때문에 힘들어해", "넌 여기 있을 자격이 없어", "네가 듣기 좋으라고 하는 말들이야" 만약 이런 말들만을 떠올렸다면 그 말을 당신이 아닌 다른 사람에게 한다고 상상해보아라. 과연 도움이 되는 말들인가?

당신이 스스로에게 허용하는 것과 부정하는 것에 대해서도 살펴보아라. 오랜 기간 야근하며 피로감을 느끼는 것을 허용하는가? 상황이 뜻대로 풀리지 않을 때 화를 내는 것을 허용하는가? 가장 가까운 친구일지라도 때로는 서운한 생각이 드는 것을 허용하는가? 기념일을 잊어버리거나 가끔 배우자의 의도를 잘못 파악하는 것을 허용하는가? 아니면 자신이 부족하다고 느낄 때 죄책감이 들거나, 수치스러워하거나, 스스로를 비난하거나 처벌하는가? 당신이 지니고 있는 원칙과 기대를 두세 개씩 적어보아라.

스스로를 처벌한다면 어떤 방식인지, 그리고 당신의 평가는 얼마나 공정한지 생각해보아라. 디저트를 거르는가? 더 열심히 일하는가? 누구의 도움도 받지 않고 문제를 해결하는가? 괜찮냐고 묻는 말들을 외면하는가? 과도하게 사과하고도 또 사과하는가? 주말 내내 집에서 일만 하는가? 어쩌면 마음의 감옥에 스스로를 가두고 자신이 못난 사람일 수밖에 없는 온갖 이유들을 생각해내고, 쓸모없는 인간임을 증명하는 온갖 고통스러운 기억들을 소환하고, 자신이 실망시켰던 모든 사람들을 떠올릴지도 모른다.

당신의 반응이 완전히 자신만을 향한 것이 아니라고 해

도 주변 사람들을 가혹하게 몰아세우는 것 역시 자기처벌의 한 방식으로 보아야 한다. 왜냐하면 적극적으로 자신의 소중한 인간관계를 악화시키고 행복에 중요한 사회적 관계를 해체하는 행동이기 때문이다. 누군가가 당신에게 빨래를 잘못 갠 배우자에게 소리를 지르라고 지시한다면, 혹은 일의 분류를 엉망으로 만들어놓은 동료에게 폭언하라고 지시한다면 너무 잔인하고 유난스러운 반응이라고 생각하지 않을까? 원칙을 어겼다는 이유로 혹은 기대에 미치지 못했다는 이유로 스스로를 처벌한 사례 세 가지를 노트에 적어보아라.

자기친절의 실천

자기친절의 역할이 당신의 삶에서 얼마나 큰지(혹은 얼마나 작은지) 감이 잡혔다면 어떻게 실천할 것인지 알아보자. 대부분의 자기친절 행위는 조망수용에 바탕을 두고 있고 조망수용은 유독 스스로에게 불친절하다는 가정을 바탕으로 한다. 말하자면 타인에게는 친절을 베풀 줄 알면서도 자신에게 친절하지 못한 사람이라는 가정이다.

그 사실을 염두에 두고 조망수용을 연습해보자. 오감을 전부 활용하고 스포트라이트가 이 연습을 비추게 해라. 어쩌면 이런 생각이 들 수도 있다. '이런 연습할 시간이 없는데. 오늘 밤

책을 15분간 읽기로 했는데' 우리가 뭐라고 말할 것 같은가? 그런 생각과 씨름하지도 말고 듣지도 마라. 오히려 자기친절을 베풀라는 신호로 여겨라.

당신이 아무 조건 없이 사랑하는 한 사람을 떠올려보기 바란다. 무슨 일이 있어도 그 사람을 지금보다 덜 사랑하게 될 일은 없다. 그가 당신의 생일을 잊어도, 만나기 직전에 약속을 취소해도 그 순간에는 실망할 수 있겠지만 당신은 여전히 그 사람을 지금과 똑같이 사랑할 것이다. 그 사람을 떠올리는 순간 무엇이 보이는가? 당신의 몸에 일어나는 변화를 알아차려라. 심장이 더 빨리 뛰었는가? 홀가분함이 느껴졌는가? 소름이 돋았는가? 사랑하는 사람을 떠올릴 때 전형적으로 나타나는 반응이 있다. 지금 이 순간 사랑을 선택하는 것이 어떤 기분인지 느껴보아라. 사랑의 기쁨을 만끽해보아라. 그 사람에게로 향하는 사랑을 시각화하고 상대방이 그 사랑의 온기를 쬐게 해라.

이제 그 사람을 당신으로 바꾸어라. 사랑의 에너지를 받는 당사자가 자신이라고 상상하는 것이다. 주의를 집중하려고 노력하되 주의가 분산되면 다시 연습으로 돌아오려 노력하라. 이 렌즈로 자신의 모습을 바라보는 기분이 어떤가? 당신이 주는 사랑을 본인이 받도록 허용할 수 있는가? 느낀 점과 반응을 적어보아라.

이런 식으로 자신을 바라보다 보면 자기친절을 어떤 방식으로 연습해야 할지 똑똑히 알게 된다. 괴로워하는 자신의 모습을 보게 된다면 어떻게 하겠는가? 당신이 사랑하는 사람을 어떻게 대할지 생각해보면 된다. 만약 그 사람이 자기는 사랑받을 자격이 없다고 생각한다면, 당신은 그 말에 동의하고 그가 사랑받을 자격이 있다는 걸 증명해보라고 요구하겠는가? 그가 스트레스와 불안에 압도당할 때 이겨내라고, 더 노력하라고 말하겠는가? 그가 다른 사람이 자신을 어떻게 생각할지 걱정하고 있다면 호감을 줄 수 있도록 다르게 행동하라고 조언하겠는가? 아마 그러지 않을 것이다. 그보다는 그를 안아주고, 걱정, 자기의심 같은 것들은 하나도 중요하지 않다고 반복해서 말해줄 것이다. 이렇게 결함이 많은데 왜 나를 사랑하느냐고 묻는다면 그런 말도 안 되는 질문이 어디 있냐고 대답할 것이다. 당신은 그를 사랑하기로 했기 때문에, 또 사랑하기 때문에 당신의 사랑을 해명할 필요도 없다. 사실 사랑도 하나의 가치이다. 당신에겐 사랑할 힘이 있다. 사랑은 목표보다도 크고 상상할 수 없을 정도로 삶을 아름답게 물들인다. 당신이 누군가를 사랑하는 것은 의미 있는 하나의 '선택'이며, 그를 사랑하고 친절을 베푸는 것은 당신의 통제권 안에 있다. 당신은 다른 사람에게 친절을 베풀 줄 알기 때문에 자신에게 친절을 베푸는 방법도 이미 알고 있다. 따라서 남을 대하듯 자신을 대함으로써 친절의 범위를 넓히는 것이 중요하다.

다음은 자기친절의 몇 가지 예시이다.

— 도움을 청한다.

— 신뢰하는 사람에게 약한 모습을 보인다.

— 괴로운 생각이나 느낌을 스스로에게 허용한다.

— 새로운 취미생활을 만들거나 예전의 취미생활로
돌아간다.

— 잠을 충분히 잔다.

— 심리상담을 받는다.

— 자신에게 도움이 되지 않거나 가치에 맞지 않는
행동을 중단한다.

— 다른 사람의 욕구보다 스스로의 욕구를 우선한다.

— 사생활의 경계를 설정하고 유지한다. (과한 부탁은

거절한다.)

— 원하는 것을 명확하게 설명한다.

— 나를 사랑하고 존중하는 사람들과 어울린다.

— 여유 있게 식사하고 음식을 즐긴다.

자신을 돌보기 위해 어떤 일을 해야 하는지 아는 것만으로는 심리적 장벽이 무너지지 않을 것이다. 먼저 자신을 애정 어린 시선으로 바라보는 과정이 필요하다. 스스로를 사랑받을 가치가 있는 존재로 인지한다는 건 어떤 의미일까?

만약 친절하고 다정한 시선으로 자신을 바라보는 것이 힘들다면, 그렇게 바라보는 척 연기라도 하라. 자신의 행복을, 자신의 만족을 소중히 여기는 사람처럼 행동해라. 자신을 사랑하고 친절을 베푸는 것은 하나의 가치이고, 곧 자기친절을 선택할 수 있다는 의미임을 기억하기 바란다. 스스로 친절을 누릴 자격이 있다고 믿건 믿지 않건, 자기친절을 정당화할 수 있건 없건 여전히 자기친절을 선택할 수 있다. 우리는 친절한 척하다 보면 어느 순간 그 친절이 진심으로 변할 거라고 기대한다. 자기친절이 없는 삶보다 자기친절이 넘치는 삶에 자연스럽게 끌릴 것이라

믿기 때문이다. 시험 삼아 스스로를 아끼는 척하자. 자기친절에게 기회를 주고 결과가 마음에 드는지 실험해보자.

우리에게 편파적인 면이 있음을 인정한다. 우리가 대신 선택해줄 수 있다면 자기친절을 당신의 가치로 선택해주고 싶다. 이리도 편파적일 수밖에 없는 것은, 자기 자신을 돌보고 과거에 차단했던 세계와 교류하면서 환하게 삶을 꽃피운 사람들을 여러 차례 보았기 때문이다. 자기친절을 받아들임으로써 삶이 얼마나 달라졌는지 말로 다 표현할 수 없다는 사람들도 보았다. 자기친절이 일으키는 변화는 진정 놀랍다. 자신을 사랑할 때 타인의 사랑 역시 받아들이고 그와 교감하게 된다. 냉혹한 자기비판, 수치심, 죄책감은 현실의 반영이 아닌 스스로 지어낸 이야기의 산물임을 깨닫는 순간 완벽주의의 손아귀에서 벗어날 수 있다. 비로소 현재를 살고, 자신을 위해 살 힘을 얻는다. 편파적인 우리의 관점에서 보았을 때 자기친절은 선택이 아닌 필수이다.

지금껏 자기친절을 주장한 것은 사치가 아닌 필요에 의해서이다. 이성이 죄책감과 수치심을 자극하여 '생산적인' 목표를 위해 정신적, 육체적 행복을 희생하라고 유도할 때 그 시간, 에너지, 공간을 당신을 위해 쓰라고 독려하고 싶다.

자기친절은 거창한 무언가일 필요가 없다. 아침식사를 먹는 것일 수도 있고, 가장 좋아하는 음악을 듣는 것일 수도 있고, 자정이 되기 전에 잠자리에 드는 것일 수도 있다. 자기친절은 간헐적으로 실행할 때보다 꾸준히 규칙적으로 실행할 때 더 도움이 된다. 자기친절의 장점은 걱정하느라 혹은 지나간 일을 곱씹느라 허비한 에너지를 아낄 수 있고, 생산성을 향상시키고(완벽주의가 생각하는 것과는 다른 방식의 생산성이겠지만), 진정성 있게 사람들과 교류할 수 있다. 자기친절을 실천하기 위해 자신을 사랑하는 사람 대하듯 바라보라. 그런 사랑을 받을 자격이 있는지 여부는 고려할 가치가 없다. 당신이 야외활동에 가치를 두거나 모험을 떠나는 것에 가치를 둘 수 있다면 특별한 이유가 없어도 자기친절에 가치를 둘 수도 있는 것이다.

다음 두 장에서는 지금까지 살펴본 여러 심리학 도구들을 이용하여 실제로 행동을 변화시킬 수 있는 전략들을 설명하려 한다.

제 9 장

실패를
책임지는 방법

구체적이고 수치화된,
목표 설정하기

'**목표**'를 수치화하는 작업은
완벽주의자에게 특히 유용하다.
시간과 할당량이 제한되어 있음을
알려주어 밑도 끝도 없이 일에
자신을 쏟아붓는 것을 막을 수
있다. 또한 완벽한 때를 기다리며
계속 일을 미루는 상황도 막을
수 있다. 구체적인 목표 설정은
만일 실패하더라도 책임지겠다는
각오이기도 하다. 목표를 달성하지
못하면 행로를 변경하면 된다.
작은 목표부터 하나씩, 실패해도
나아갈 수 있음을 배우자.

스타워즈의 제다이 그랜드마스터는 이렇게 말했다. "하거나, 하지 않거나 둘 중 하나다. 하려고 하는 것은 없다." 이 단순한 이분법은 어딘가 품위가 있다. 결단의 순간이 오면 결국 하거나 하지 않거나 둘 중 하나를 선택해야만 한다. 예를 들면, 빨래를 '하려고 하는 것'은 침대에 앉아 방 한구석에 놓여 있는 더러운 빨래 무덤을 바라보는 것이다. 빨래를 '하는 것'은 빨래를 세탁기에 넣고, 건조기에서 꺼내고 빨래를 개는 것이다.

의식하건 하지 않건 당신은 항상 특정한 목표를 달성하기 위한 일을 하거나, 하지 않는다. 하려고 하는 것도 하지 않는 것에 포함된다. 당신은 실수할 수 있는 인간임을 받아들이려 할 수도 있고, 그저 받아들일 수도 있다. 부당한 기대와 외부에서 부과한 기준들 대신 자신의 가치를 향해 나아가려 할 수도 있고, 그저 나아갈 수도 있다. 이 장에서는 지금까지 우리가 다루어왔던 기술들을 현실에 적용하는 방법을 다룰 것이다. 우리의 목표는 가치에 부합하는 행동들을 찾고 새로운 행동 패턴을 시작할 수 있는 전략을 제시하는 것이다.

스마트 SMART 목표

행동치료나 경영교육을 받아본 사람이라면 스마트 SMART 목표를 들어봤을 것이다. 이 책이 스마트 목표와 연관이 있다고 생각하고 이미 스마트 목표를 세운 사람이 있을지도 모르겠다. 스마트 목표는 행동의 변화를 이끄는 열쇠로, 달성 가능성을 높일 수 있도록 목표를 설정하는 방식이다. 스마트는 다음 단어들의 약자이다.

— 구체적인Specific 목표

— 측정 가능한Measurable 목표

— 달성 가능한Achievable 목표

— 의미 있는Relevant 목표

— 시한이 있는Time Bound 목표

구체적인 목표 구체적인 목표를 세워야 한다는 것은 당신이 그 목표를 달성하기 위해 노력하고 있는지 누구나 알 수 있을 정도로 명확하고 구체적이어야 한다는 뜻이다. 목표를 실행하기 위한 행동을 쉽게 시각화할 수 있다면 목표를 제대로 수립한 것이다. 예를 들면, "공원에서 뛴다"라는 표현은 구체적인 반면 "운동을 한다"는 그렇지 않다. 운동은 요가가 될 수도 있고 필라테스가 될 수도 있고 테니스가 될 수도 있으니까. "공원에서 뛴다"를 조금 더 구체적으로 설명해서 "슈가하우스 공원에서 뛴다"로 바꿀 수 있다. 마찬가지로 "리더십을 향상시킨다"는 모호한 목표이다. "팀원들에게 실적에 대한 피드백을 주고 주간 일대일 회의에서는 개선할 부분을 제안한다"가 훨씬 구체적이다. 목표를 더 명확히 하기 위해 회의를 일주일 중 어느 요일에 진행할지 정하는 것도 좋다.

목표를 세울 때 종종 저지르는 실수는 '하지 말기' 혹은 '덜 하기' 같은 말로 표현하는 것이다. 미루지 않기, 덜 미루기, 지각하지 않기, 새 프로젝트는 받지 않기. 이런 표현들은 시체가 '가만히 누워 있기'라는 목표를 달성하는 것과 마찬가지이다. 어떤 일을 '하지 않기'를 목표로 삼으면 어떤 부분을 바꾸고 싶은지가 명확하지 않다. 예를 들어, 버럭 화내는 버릇을 고치라는 말을 들었다고 하자. 화를 내지 않겠다는 다짐 대신 다른 방법은 없을까? 방에서 나가야 할까? 그 순간 나의 기분을 설명해야 할까? 아니면 침착하게 나의 요구를 말해야 할까? 목표를 구체적인 행동으로 설명할 때 그다음 단계에서 취해야 할 행동이 무엇인지 파악하기가 훨씬 수월해진다. 따라서 구체적인 목표를 세우고 싶다면 하지 말아야 할 일이 아니라, 해야 할 일을 시각화할 수 있는지 확인하자.

측정 가능한 목표 측정 가능한 목표를 세워야 한다는 것은 행동을 수치화할 수 있고 명확한 종료점, 즉 목표가 완료되는 시점이 있어야 한다는 뜻이다. 수치는 대개 빈도, 기간, 혹은 '네 /아니요'의 형태로 나타난다. 어떤 방식으로 측정할 것인지는 본인이 처한 상황이나 이루고자 하는 변화에 가장 적합한 방식이 무엇이냐에 따라 다르다. 만약 당신이 울트라 마라톤 선수라면 당신의 목표는 '30킬로미터 달리기'가 될 수 있지만, 15년 동안 운동화도 신은 적이 없다면 '동네 한 바퀴'가 목표가 될 수 있다. 달리는 거리는 별로 중요하지 않고 비타민D 합성이 더 중요하다면 '낮 시간에 15분 동안 달리기'가 목표가 될 수 있다. 어떤 수치에 도달해야지만 좋은 목표라는 원칙은 없으며 목표의 맥락에 따라 달라진다.

목표 수치화의 장점은 목표를 달성하기 위해 해야 하는 일을 헷갈리지 않도록 돕는다는 것이다. 구체적이고 측정 가능한 목표는 모호하지 않다. 피로하건 피로하지 않건, 비가 오건 안 오건, 전날 운동을 했건 안 했건 15분을 걷는 것이다. 더구나 목표를 수치화하면 객관적인 숫자를 통해 목표를 달성했는지 여부를 판단할 수 있다. 수시로 바뀌는 불가능한 목표를 정해놓고 달성하지 못했다며 인정을 보류할 가능성이 높은 완벽주의자들에게는 더더욱 유용하다.

달성 가능한 목표 달성 가능한 목표는 현실적인 목표를 뜻한다. 목표를 높게 설정하는 것에 익숙한 완벽주의자들에게는 어려운 일일 수 있다. 더구나 그 높은 기대를 종종 달성했던 사람들이라면 더더욱. 만약 직장에서 3년 동안 세 차례 승진을 한 사람이라면 향후 몇 년 동안 적어도 한 번은 더 승진하는 것이 현실적인 목표라고 생각할 수도 있다. 그러나 야근하느라 빼앗긴 수면 시간과 제대로 돌보지 않아 시들어버린 인간관계를 그런 식으로 변명할 수는 없다. 설정한 목표가 과연 합리적인가? 무모한 목표를 세우는 것은 팀 덩컨*이 모든 경기마다 종료 부저가 울릴 때 3점 슛을 성공시키기를 기대하는 것과 같다. 한 번 성공했다고 혹은 몇 번 성공했다는 이유만으로 현실적인 목표가 될 수는 없다.

특히 스마트 목표를 설정하는 것이 처음이라면 자존심이 상할 정도로 쉬운 목표에서 출발할 것을 권한다. 이것을 거대한 바위에 가속도가 붙는 과정으로 생각하기 바란다. 처음엔 원하는 방향으로 1센티미터씩 움직이지만(이것이 가장 힘든 부분이다) 바위가 한 번 움직이기 시작하면, 관성에 따라 계속 굴러간다. '쉽다'는 것은 성공 확률이 적어도 95퍼센트 이상은 되어야 한다는 뜻이다. 할 일이 너무 많아 압도당하는 기분이 들 때 그 일을 전부 다 끝내는 것을 목표로 삼아서는 안 된다. 가장 어려운 일을 선택해서도 안 된다. 가장 쉽고 실현 가능한 것부터 시작해라. 문자에 답하는 것이라면 그것 먼저 해라. 샤워를 해야 한다면 그것

---

* NBA 샌안토니오 스퍼스 간판스타. NBA 최고의 파워포워드이며 2016년 은퇴했다.

도 목표가 될 수 있다. 너무 사소한 일이란 없다. 비록 한 걸음일지라도 당신의 가치를 향해 다가가는 것이다.

프로젝트나 임무를 잘게 쪼개는 방식은 '제대로 못 할 거면 아예 하지 말자'는 사고방식을 가진 완벽주의자들에게는 어려운 일일 수 있다. 이를 닦고, 세수하고, 옷 입고, 아침을 만들고, 아침식사를 하고, 점심 도시락을 싸는 것 전부를 제대로 해내지 못할 바에야 늦잠을 자고 회사에 지각한다. 한번 시작한 일을 반드시 끝내야 한다는 생각 때문에 방해받지 않고 진도를 나갈 수 있는 엄청난 양의 시간을 떼어놓으려 애쓴다. 그런데도 주말에 창고를 청소하겠다는 계획이나 오후에 세금 관련 서류를 정리하겠다는 계획은 실현되지 않고 여전히 답보 상태에 머문다.

제대로 하지 않을 거면 아예 하지 말자는 생각이 들 때, 심호흡을 하면서 당신의 마음에 떠다니는 원칙들을 보아라. 완벽주의는 말한다. "하다 말 거면 아예 시작을 하지 마." 그것은 하나의 생각, 하나의 제안, 하나의 의견일 뿐이다. 그 외에도 시작을 방해하는 것들이 있는지 보아라. 일을 끝내지 못하거나 원하는 수준으로 해내지 못하는 것에 불편한 느낌이 들 수도 있다. 원칙과 불편한 느낌을 무시하기로 결정하면 어떤 일이 일어날까?

사실 어떤 일을 50퍼센트 완료했다면 분명 0퍼센트보다 많이 한 것이다. 물론 100퍼센트가 50퍼센트보다 낫겠지만 항상 100퍼센트를 달성하려 애쓰는 것은 지속 가능한 방식이 아니다. 더구나 50퍼센트를 완료했다는 것은 100퍼센트가 남은 것이 아니라 50퍼센트만 남았다는 뜻이기도 하다. 물론 평범한 보고서를 제출하는 것보다 완벽하게 정렬된 표와 한눈에 보이는 수치로 깔끔하게 정돈된 보고서를 제출하는 편이 낫다. 그러나 평범한 보고서를 수정하느라 다른 일들의 시한을 어기거나 가족과 보내는 주말을 놓치는 것보다 평범한 보고서를 제출하는 편이 낫다. 완벽한 업무수행은 신기루와 같다. 아무리 잡으려 해도 잡을 수 없다. 대신 50퍼센트, 75퍼센트, 혹은 30퍼센트를 달성했다면 그것도 훌륭하다. 그 모든 경우의 수가 0퍼센트보다는 낫다.

비록 우리가 작게 시작하라고 말하고 있지만 그것이 작게 끝내라는 말은 아니다. 걸음마를 배울 때처럼 한 걸음 내디딜 때마다 점점 더 쉬워질 것이다. 낯선 곳을 걷다 보면 몇 번 넘어질 수도 있다. 넘어지는 것도 성장의 한 과정이다. 넘어지는 자신을 포용해라. 언젠가는 당신의 가치를 향해 달리고 도약하게 될 것이다. 근육을 키우고 지구력을 기르기까지 시간이 걸릴 뿐이다.

의미 있는 목표 의미 있는 목표는 당신에게 소중한 목표를 뜻한다. 다른 사람들의 기대에 부응하기 위해 '해야만 하는' 일들은 목표에서 배제한다. 심리학적 관점에서 보면 사람들의 기대라는 것은 좋은 것도 아니고 나쁜 것도 아니다. 문제는 사람들이 너무 많은 것을 기대한다는 것이다. 이메일에 빨리 답장해주기를 기대하고, 그들의 말에 동의해주기를 기대하고, 회의 중에 나서서 얘기해주기를 기대하고, 회의 중에 덜 나서기를 기대하고, 새 헤어스타일을 칭찬해주길 기대하고, 파티에서 재미있는 사람이 되어주기를 기대한다. 혹은 그러길 기대한다고 혼자 짐작한다.

해야 하는 일들을 하는 것이 우리의 자연스러운 성향이라면, 해야 하는 일이 의미가 있는지 여부는 선명함과 정직성으로 판단해야 한다. 일의 목표와 당신의 가치가 선명하게 연결되어 있는가? 그렇다면 스스로에게 정직해라. 주변 사람들이 탐탁지 않아 하더라도 당신에게 소중한 목표를 선택해라. 자신에게 소중하지 않다면 사람들이 처방해준 목표는 버려라. 때때로 의미 없이 해야만 하는 일을 선택하게 될 수도 있다. 하지만 결국에는 매 순간 당신이 선택하는 하나의 행동이 삶이라는 별자리를 이루는 하나의 별임을 인식해야 한다. 별자리의 모양을 만들어가는 사람은 다름 아닌 자기 자신이다.

당신 안의 완벽주의는 새로운 행동을 시작하기를 꺼릴 수도 있다. 과연 그럴 만한 가치가 있는 일인지 의문을 제기할 수도 있다. 혹은 '최적화' 모드에 돌입해서 의미가 없더라도 '가장 효율적이고 생산적인' 목표를 선택하라고 부추길 수도 있다. 이성은 늘 문제를 해결하고 싶어 한다. 최적화 욕구에 휘둘리지 말고 당신에게 의미 있는 목표를 선택하거나 당신이 선택한 행동에서 의미를 찾아라. 한 시간 내로 호텔을 정하기로 했다면 그 일을 처리한 뒤 책을 읽거나, 친구와 차를 마시거나, 아이와 놀아줄 자유시간이 생긴다는 사실을 떠올려라. 동료나 친구들에게 조언을 구하고, 여행사 사이트를 샅샅이 뒤져서 어마어마한 스프레드시트를 작성하는 대신 말이다.

시한이 있는 목표 목표를 달성하기 위해 매진하는 시간에 끝을 두어야 한다. 시한을 정한다는 것은 미룰 수 없다는 뜻이고, 따라서 한번 정해놓은 시한을 지키는 것이 중요하다. 구체적이고, 측정 가능하며, 달성할 수 있고, 의미 있는 목표라고 해도 시한을 정하지 않으면 몇 년 동안 질질 끌게 되거나 "때가 되면 할 거야", "노력하고 있어" 혹은 "아직은 때가 아니야"와 같은 정직하지 않은 생각들을 믿게 된다. 아마도 집안일을 이런 식으로 미룬 적이 있을 것이다. 전구를 갈아야 하는데 방치한다거나, 기부할 옷들을 담아놓은 상자에 먼지가 쌓여간다거나, 식물들 분갈이할 때를 한참 넘긴다거나. 다른 사람들에게 설명할 필요가 없는 일들은 미루기 훨씬 더 쉽고, 그래서 더 미루게 된다.

시한을 정해놓으면 실패했을 때 더 분명히 드러날 수밖에 없어서 시한을 정하기 두려울 수 있다. 시한을 정하지 않고 일하는 것은 일 자체를 미루는 것이기도 하지만 실패를 미루는 것이기도 하다. 일이 여전히 '진행 중'이라면 엄밀히 말해서 실패한

게 아니기 때문이다. 일을 끝낼 가능성이 남아 있는 한 당신은 여전히 성공할 수 있다. 시한은 애초에 이런 식으로 빠져나갈 구멍을 막아놓는다. 특정한 시간 내에 끝내지 않으면 '미완성' 도장이 찍힌다. 휴가 기간에 고향으로 돌아갈 비행기 표를 출발 2주 전까지 예매하지 않으면 실패한 것이다. 시한을 존중한다는 것은 책임감을 요하는 일이고 그 일에는 실패할 가능성에 대한 책임도 포함된다.

시한을 정하는 것은 도움이 되지만 그만큼 지키기 쉽지 않다. 시간이 제한되어 있음을 알려줌으로써 그 일에 끝도 없이 시간을 쏟아붓는 것을 막기 때문이다. 예를 들면, 시험을 볼 때 시간제한이 없으면 얼핏 듣기엔 좋을 것 같다. 답안지에 동그라미를 깔끔하게 칠하고, 주관식 답은 미리 잘 생각해서 쓰고, 에세이는 수정하고, 계산이 맞는지 확인할 수 있을 테니까. 그러나 언제나 조금 더 잘하려 애쓰는 완벽주의자에게 무제한의 시간이 주어지는 것이 어떤 영향을 미칠지 상상해보길 바란다. "좋아, 답안지를 다 작성했어. 하지만 시간이 있는데 한 번 더 확인해야겠지? 답안지를 한 장 더 작성해서 어느 쪽이 적절한 답안인지 봐야겠다. 참 맞춤법 확인했던가? 혹시 이중부정문을 헷갈렸을 수도 있는데 질문을 찬찬히 읽었던가?" 같은 물음이 영원히 계속될 것이고 거의 모든 일에 비슷한 상황이 발생할 것이다. 제출 시한이 없으면 연구원들은 연구 보고서를 몇 달에 걸쳐 쓰고 또 쓸 것이고, 그동안 과학이 발전해서 그들의 연구가 기여할 수 있는 시기를 놓칠 것이다. 집수리에 시한이 없으면 페인트 통을 개봉조차 하지 않은 상태로 거실에 두고 페인트칠을 하고 싶은 기분이 들 때까지 기다릴 것이다.

그러나 결국 어느 시점에는 일을 하거나 접거나 둘 중 하나를 선택해야 한다. 계속 미루어서 이론적으로는 아직 실패하지 않은 어중간한 상태에 머무는 것은 마치 두 개의 방 사이 문턱에 서 있는 것과 같다. 과거의 일에 발목 잡혀 있다면 새로운 일에 완전히 몰입할 수 없다. 마음 한편에서 끊임없이 얼쩡거리는 무언가가 당신을 붙잡아두고 있기 때문이다. 어쩌면 당신은 뜨개질로 스웨터를 떠보고 싶었을 것이다. 그러나 예전에 뜨개질을 하다 말고 내팽개쳐둔 목도리를 보는 순간 마음을 접었을 것이다. 그렇게 당신은 문간에 서 있다. 새로운 방에 들어가 뜨개질을 시작하면 좋겠지만 방금 나온 방의 문을 닫기 망설인다. 문을 닫는다는 것은 시작한 일을 끝내지 못했음을 인정하는 것이기 때문이다. 당신의 이성은 '실패' 혹은 '툭하면 포기하는 사람'이라는 낙인을 찍는다. 그 꼬리표를 진지하게 받아들이는 것이 도움이 될까? 아니면 그 꼬리표를 알아차리고 한 걸음 뒤로 물러나 당신의 가치와 연결하는 것이 도움이 될까? 진정으로 원하는 가치에 다가가기 위해서는 끝내지 못한 데서 오는 불편한 마음도 감수해야 한다.

실제로 도중에 그만두는 것은 나약함의 상징이 아니다. 오히려 지혜와 자기친절의 상징일 수 있다. 폭설 속에 운전하고 있는 가족에게 계속 앞으로 나아가는 대신 차를 세우거나 되돌아오라고 말하는 것처럼 당신의 필요와 가치에 부합하지 않는 일을 그만두는 것을 스스로에게 허용할 수도 있어야 한다.

반대로 이전의 방에서 해야 할 의미 있는 일이 있다면 다시 그 방으로 돌아가야 한다. 어쩌면 일을 완벽하게 해내지 못하는 데서 오는 불편한 느낌을 감수해야 할 수도 있고 해야 할 일의 규모에 압도당하는 느낌을 감수해야 할 수도 있다. 온갖 소음들을 알아차려라. 당신이 들어갈 수 있는 수많은 방들이 떠오를 것이고 들어갈 수 있었던 수많은 방들 역시 떠오를 것이다. 그 모든 감정을 느끼고도 여전히 소중한 것을 향해 앞으로 나아갈 수 있겠는가?

SMART의 A, 달성 가능함을 기억하라. 이제 겨우 몸을 풀고 있는데 결승점을 향해 전력 질주하라고 요구하는 게 아니다. 다만 이 혼란 속에서도 가장 작은 한 걸음을 내디뎌보라고 말하는 것이다. 목표를 정하라, 목표를 수치화하라, 시한을 정하라, 그리고 시작하라.

목표 설정

이제 스마트 요건들을 바탕으로 목표를 설정할 수 있다. 각각의 요건들이 다 중요하지만 '의미 있는 목표'에서 시작할 것을 권한다. 때로 다음 단계를 걱정하느라 목적지를 잊곤 한다. 가고 싶은 곳이 어디인지를 잊는다면 어디까지 왔는지 어떻게 알 수 있을까? 그래서 거꾸로 가라는 것이다. 먼저 최종 목적지(가치)를 정하고, 그곳에서 현재 위치까지 가상의 선을 그린 다음 해야 할 행동을 결정한다.

예를 들면, 더 나은 세상을 만드는 것이 당신의 가치라면 그 가치를 가장 의미 있게 실현할 수 있는 영역이 어디인지 생각해보아라. 일, 가족, 친구라고 가정해보자. 각각의 영역에서 더 나은 세상을 만들 방법은 무엇일까? 일에 관해서라면 실수에 조금 더 관대해져서 제시간에 보고서를 제출할 수 있다. 가족을 위해서는 배우자나 아이가 갑작스럽게 계획을 바꾸고 싶어 할 때 좀 더 유연하게 대처하기로 선택할 수 있다. 친구를 위해서는 함께 보내는 시간에 당신이 해야 할 일들을 걱정하기보다 순간에 충실하고 친구의 이야기에 귀를 기울이기로 선택할 수 있다. 스마트 목표를 실현하는 방식은 큰 가치에 머물게 한다. 만약 당신이 숲속에서 나무에 주의를 빼앗기는 사람이라면 특히 도움이 될 것이다.

목표를 설정한 뒤에도 새로운 정보를 얻고, 새로운 관심사를 찾고, 가치가 더 명확해지면 목표가 바뀔 수 있음을 이해하기 바란다. 목표를 세우는 것은 가고자 하는 행로의 스냅사진을 갖는 것과 같다. 그 행로의 어느 지점에서든 가야 할 대략의 방향을 아는 것은 도움이 된다. 그러나 그 스냅사진에 번덕스러운 상황들이나 인간의 다양성 전부를 담을 순 없다. 사진을 인화할 당시에는 옳았지만, 이제는 낡아버린 사진에 고집스럽게 매달리는 것은 오히려 해롭다. 당신이 산길을 걷고 있다면 바로 다음번에 내디딜 발걸음과 앞으로 가야 할 대략의 방향을 아는 것은 도움이 된다. 예측을 벗어난 것이 하나도 없다면 산 정상에 도달할 때까지 처음의 계획을 고수할 수 있다. 그러나 쓰러진 나무가 길을 가로막을 수도 있고, 벌집을 건드릴 수도 있고, 알 수 없는 동물의 울음소리가 들려올 수도 있고, 먹구름이 밀려들 수도 있고, 배가 꼬르륵거릴 수도 있다. 계획은 순식간에 틀어질 수 있다. 그런데도 여전히 산 정상에 오르고 싶다면 계획을 수정해야 한다. 대략의 방향은 여전히 가치를 향한 것이지만 행로는 달라질 수 있다.

그 점을 염두에 두고 가치에 연결된 목표 두세 개를 적어보아라. 나중에 얼마든지 추가할 수 있으니 일단은 작게 시작하자. 그 목표들이 스마트 요건에 맞는가? 구체적이고, 측정 가능하고, 달성 가능하고, 의미 있으며, 시간 제한이 있는가? 그렇지 않다면 수정하고 목표들이 명확하게 정의되었는지 확인해보아라.

스마트 목표가 준비되었다면 그것들을 작은 것, 중간 것, 큰 것으로 분류해라. 목표의 '크기'는 소요되는 노력이나 시한에 따라 결정된다. 노력과 시한은 연관이 있을 수도 있지만 반드시 그렇지는 않다. 입사 원서를 최종 수정하는 것처럼 단기간에 엄청난 노력을 쏟아부어야 하는 일도 있지만 아이들 옷을 정리하는 것처럼 몇 달에 걸쳐 꾸준히 해야 하는 일도 있다. 각각의 목표가 세 분류 중 어디에 해당하는지 판단해라.

목표들을 세 가지로 분류하여 큰 그림으로 바라보는 것은 목표를 효율적으로 달성하기 위한 지침이 된다. 분류를 통해 보완할 부분과 버릴 부분을 판단할 수 있기 때문이다. 거대한 장기 목표들만 있다면 너무 멀리 있는 무언가를 좇는 것 같은 기분이 들 수도 있다. 그 경우에는 작은 단기 목표들을 추가해서 제대로 가고 있음을 확인하면서 자주 성취감을 느끼는 것이 좋다. 비록 사회는 보상을 미룰 줄 아는 것이 자기통제의 상징이라고 말하지만, 보상을 계속 미루다 보면 발전이 더디어지고 목표를 달성하기까지의 여정이 필요 이상으로 힘들어진다. 결국 만족감을 지연시킴으로써 스스로를 더 힘들게 할 뿐이다.

목표들이 고르게 안배되었다는 느낌이 들면 허점이 있는지 확인해보아라. 장기 목표가 부족해서 의미 있는 일을 위해 노력하고 있다는 느낌이 적게 들지는 않은가? 작은 목표가 부족해서 큰 목표를 향해 나아갈 동력이 떨어지진 않았는가? 새로운 목표는 언제든 추가할 수 있다. 일단은 이 장에서 소개하는 내용을 적용할 수 있도록 적절한 목표를 준비하는 것이 중요하다.

행동 전략을 세우자

목표 설정이 첫 단계라면 목표를 향해 매진할 확률을 높이는 행동 전략을 수립하는 것이 그다음 단계다. 당신의 행동을 끊임없이 변화하는 확률의 산물로 보아라. 어떤 변수는 확률을 높이고(다음 날 아침 운동을 하기 위해 운동복을 입고 잠자리에 드는 경우) 또 어떤 변수는 확률을 낮춘다(아침 7시 운동 수업이 있는데 새벽 2시에 잠자리에 드는 경우). 그러나 확률은 특정 행동을 보장하지 않는다는 특징이 있다. 예를 들면, 세무 신고 서류를 구비하고, 세무 신고용 소프트웨어를 구동해 시작 버튼을 누른다고 해서 반드시 세무 신고를 한다는 보장은 없다. 단지 세무신고를 할 확률이 훨씬 높은 상황이 되는 것뿐이다. 그럼에도 불구하고 특정 행동을 할 확률에 영향력을 행사하여 부정적인 행동 확률을 줄이고 의미 있는 행동 확률을 높이는 것은 기분과 상황에 휘둘리는 것보다 훨씬 뿌듯할 것이다. 이제부터 행동 전략들을 소개하겠다.

환경을 설계하라 '자극 통제'는 어떤 행동이 특정한 자극이 있거나 없는 것에 따라 통제되는 현상을 뜻한다. TV가 눈앞에 있으면 볼 확률이 높아지고, 초콜릿이 집에 있으면 먹을 확률이 높아진다. 행동 변화의 측면에서 자극 통제를 이용하여 도움이 되는 행동을 극대화하고 도움이 되지 않는 행동을 극소화하는 환경을 설계할 수 있다. 성공 확률이 높은 환경을 구축하는 것이다. 여기서 말하는 '환경'은 당신이 처한 상황의 모든 면면을 일컫는 말임을 기억하기 바란다. 피로감 같은 내면의 상태도 포함된다. 자극 통제의 성공 공식은 없다. 자극은 당신이 변화시키고자 하는 행동에 따라 다르고, 그 행동은 목표에 따라 다르고, 그 목표는 당신의 가치에 따라 다르기 때문이다. 우리는 자극 통제가 이루어지는 방식을 설명함으로써 행동에 영향을 미치는 요인들을 파악하여 그에 맞는 방침을 세우도록 할 것이다.

1단계 하고자 하는 행동 혹은 바꾸고 싶은 행동을 찾는다.

2단계 그 행동에 가장 큰 영향을 미치는 변수를 파악한다.

3단계 어떤 환경을 조성해야 효율적으로 바람직한 행동 변화를 일으킬 수 있을지 판단한다.

4단계 자극을 통제하고 상황을 지켜본다.

5단계 실행의 결과를 바탕으로 통제 방법을 수정한다. 상황을 분석하고 다른 영향 변수를 찾아야 한다면 2단계로 돌아간다. 변수를 통제할 다른 방식을 찾아야 한다면 3단계로 돌아간다.

예를 들면, 당신은 상사의 이메일에 답장하는 것을 미루고 있다. 답장을 하는 대신 귀여운 강아지 영상이나 브로드웨이 뮤지컬 패러디 영상을 보고 있다. 이제 다음 단계들을 밟아보자.

1. 변화의 대상이 되는 행동은 두 가지이다. 첫 번째는 상사에게 이메일을 보내는 것이고 두 번째는 재미있는 영상을 보는 것이다. 아마도 첫 번째 행동을 유도하고 두 번째 행동은 중단하고 싶을 것이다.

2. 이메일을 쓸 확률을 높일 수 있는 변수(메일함 창만 열어놓는 것)와 영상을 볼 확률을 낮출 변수(동영상 사이트가 열려 있는 인터넷 창을 닫는 것)가 무엇인지 파악한다.

3. 이메일을 제외한 다른 프로그램을 닫을 수도 있고, 주의를 분산시키는 웹사이트를 차단하는 프로그램을 설치할 수도 있다. 차단 프로그램 역시 자극 통제라는 전제를 바탕으로 원치 않는 행동에 방어벽을 세운다. 이메일을 보내기 쉬운 환경(메일쓰

기 창을 열어놓는다)을 조성하고 영상을 보는 것(영상을 차단하는 프로그램을 설치한다)을 어렵게 만들어서 보다 유리한 상황을 만든다. 나는 글쓰기에 집중하고 싶을 때 지나가는 사람들이 내가 인터넷 서핑을 하고 있는지 알 수 있도록 문을 열어놓는다. 그렇게 하면 레딧*을 볼 확률이 줄어든다.

4. 결국 이메일을 보내게 되는지 지켜본다.

5. 이메일을 보냈다면 축하한다. 당신은 자극 통제 기법을 성공적으로 활용했다. 그렇지 않다면 2단계로 돌아가서 문제를 다시 점검하고 해결책을 고민한다.

주변 환경을 개선하는 방안을 세울 때 자극이 인간의 언어능력으로 인해 임의적일 수 있다는 사실을 알아두면 도움이 된다. 똑같은 자극이라 해도 사람에 따라, 살아온 삶과 처한 상황에 따라 다르게 작용한다. 손뜨개 목도리를 예로 들어보자. 목도리를 보면서 세상을 떠난 할머니를 생각하며 슬퍼하는 사람도

---

*   소셜뉴스 웹사이트. 사용자가 자신의 글을 등록하면 다른 사용자가
         'up' 혹은 'down'을 선택해 투표하고, 순위에 따라 글이 메인 페이지에
         등록된다.

있고, 다가오는 겨울에 목도리를 두를 생각을 하며 설레는 사람도 있고, 하다가 팽개친 뜨개질을 떠올리며 스트레스를 받는 사람도 있을 것이다. 정서적으로 연관 지을 수 있다면 세상의 모든 물건이 어떤 의미든(목도리-할머니-죽음-상실-슬픔) 지닐 수 있다. 이러한 자극의 임의적 관계와 자극의 기능이 형성되는 방식을 이해하는 것은 도움이 된다. 자극이 행동에 어떻게 영향을 미치는지 알면 그 힘을 당신에게 유리한 방식으로 사용할 수 있기 때문이다. 아담 온드라 같은 세계적인 암벽등반가의 사진을 보았을 때 규칙적으로 운동할 의욕이 생긴다면 그의 사진을 당신의 환경에 추가하라. 반려견 사진을 휴대폰 배경화면으로 설정했을 때 부모님께 좀 더 자주 전화하게 된다면 그렇게 하라. 임의성을 최대한 활용하라.

인간의 언어능력으로 인한 또 다른 필연적 결과로는 대부분의 동물들이 물리적 자극에만 반응하는 반면 인간은 원칙, 이야기, 불안, 우울과 같은 인지적 혹은 언어적 자극에도 반응한다는 것이다. 가장 유혹적인 초콜릿 케이크를 상상해보아라. 진한 초콜릿 프로스팅에 보드라운 케이크 시트가 층층이 쌓인 초콜릿 케이크를. 그 상상에 어떻게 반응하는지 알아차려라. 입안에 침이 고일 수도 있다. 당장 케이크가 먹고 싶어서 케이크를 사러 나가거나 냉장고 안에 있던 케이크를 먹을 수도 있다. 반려견이나 북극곰은 할 수 없는 일이다. 언어적 자극에 반응하는 능력이 있다는 것은 곧 그것을 자극 통제의 방법으로 활용할 수 있다는 뜻이다. 가치와 우선순위를 매기는 패턴을 의식함으로써 행동 확률을 조절하는 것이다. 아이에게 집중하는 부모가 되는 것보다 자신의 감정적 회피를 우선시하고 있음을 인식하지 못하면 공원에서 놀고 있는 아이들을 지켜보지 않고 이메일을 확인하기 쉽다(읽지 않은 이메일이 주는 불안감을 회피하고 싶은 것이다). 반면 당신의 가치와 행동 사이의 괴리를 인식한다면 감정적 회피보다는 부모로서의 역할을 선택할 확률이 높다. 의식한다는 것은 알고 결정하는 것이다. 환경에 정보를 추가함으로써 확률을 조절하는 것이다.

결과와 연계하라 또 다른 행동수정 방법으로는 '유관성 관리'를 들 수 있는데, 행동을 변화시키기 위해 조작적 조건형성(강화 혹은 처벌)을 사용하는 방식을 폭넓게 일컫는 말이다. 행동의 중재에 있어서는 주로 특정 행동을 형성하기 위해 보상(긍정적 강화)을 사용하는 것을 뜻한다. 이 접근법은 대부분의 사람들에게 직관적이다. 행동에 보상을 가하면 더 하게 되고, 행동에 처벌을 가하면 덜 하게 된다. 유의할 점이 있다면 첫째, 강화에는 불쾌한 자극을 제거하는 것이 포함될 수도 있고(부정적 강화), 둘째, 장기적인 관점에서 보면 행동을 수정하기 위해 처벌하는 방식은 권하지 않는다는 것이다. 자기비판이 장기적인 관점에서 해로운 것도 같은 이유에서다. 이러한 점들이 시사하는 바가 있다면 행동을 강화하는 방식이 선택의 폭이 더 넓기 때문에(요란한 알람을 설정해놓으면 일어나서 알람을 끌 확률이 더 높은 것처럼) 처벌하는 방식은 배제해도 좋다는 것이다.

유관성 관리는 확률의 영역에서도 유효하다. 특정한 결과를 행동에 연결하면 특정 행동을 더하게 되거나 덜하게 된다. 청소기를 돌리고 나서 자신에게 과자를 준다면 청소기를 돌릴 확률이 높아진다. 청소기를 돌리고 나서 스트레스가 줄어들어도 (혐오자극 제거) 역시 청소기를 돌릴 확률이 높아진다. 그러나 스트레스를 줄이는 것은 과자를 먹는 것처럼 쉽게 일으킬 수 있는 일이 아니다. 따라서 스트레스에 부정적 강화를 도입하여 불쾌한 결과로 사용하는 방법은 실용적이지 못하다. 유관성 관리 전략은 디저트처럼 스스로 직접 통제할 수 있는 결과를 중심으로 설계해야 한다.

게다가 불쾌한 결과로 위협하기보다는 보상으로 행동의 수정을 독려하는 것이 대체로 훨씬 지속 가능하다. 곰을 피하기 위해 뛰는 것과 아이스크림을 얻기 위해 뛰는 것을 비교해보아라. 쓰레기봉투를 현관문 바로 옆에 놓아두는 것처럼 부정적 강화도 때로는 효과적일 수 있지만 긍정적 강화에 집중할 것을 권한다. 다음은 유관성 관리에서 주의해야 할 것들이다.

1. 객관적으로 정의된 목표에 보상을 묶는다.

2. 진심으로 원하는 보상을 선택한다.

3. 보상을 명확하게 정의한다.

1번은 스마트 목표를 세우는 것으로 거의 다 해결된다. 그 나머지는 목표를 달성했을 때 보상을 시행하는 것인데 2번과 3번이 어려울 수 있다. 큰 프로젝트 하나를 끝내고 나서 자신에게 어떤 보상을 할지 고민하다가 막상 프로젝트가 끝나면 지쳐 있거나 곧바로 다음 프로젝트로 넘어가는 바람에 자축하는 것을 잊은 적이 있는가? 유관성 관리가 제대로 이루어지려면 약속한 보상을 반드시 실행해야 한다. 잊어버리는 게 문제라면 보상을 상기시키거나 유도하는 장치를 추가하라. 목표 달성 여부가 불투명하다면 다시 스마트 목표로 돌아가라. 목표가 측정 불가능한 것이었을 확률이 높다.

2번은 보상이 충분히 만족감을 줄 수 있는 것이어야 한다는 뜻이다. 미셸 오바마의 전기에 별로 관심도 없는데 《비커밍》을 구매하는 것을 보상으로 정한다면 전혀 행동을 강화하지 못한다. 스스로에게 거짓말을 하기에 당신은 너무 똑똑하다. 따라서 진심으로 만족할 수 있는 보상을 찾아라. 새 스노보드, 한정

판 피규어처럼 만질 수 있는 물건이 보상이 될 수도 있다. 또는 사랑하는 사람들과 즐거운 시간을 보내거나, 빈둥거리는 시간을 갖는다거나, 코미디 드라마를 본다거나, 따분한 모임에서 빠지는 것처럼 물질적이지 않은 것이 보상이 될 수도 있다. 보상은 형식보다는 기능이다. 겉보기에 그럴듯한 것보다는 바람직한 행동이 일어날 확률을 높이는 보상에 더욱 충실해야 한다.

　　3번은 보상 역시 목표와 마찬가지로 구체적이어야 한다는 뜻이다. 도넛을 한 개 먹을 것인가, 세 개 먹을 것인가? 어떤 맛 도넛을 먹을 것인가? 처음부터 보상을 구체적으로 설정해야 나중에 목표를 생각보다 쉽게 달성했을 때 어느 정도의 보상이 합당한지를 놓고 실랑이할 필요가 없어진다. 자기 자신과 계약서를 쓰는 척하라. 조건에 합의하고 계약서에 명시한 대로 실행하라. 예를 들면, 나는 일을 끝내는 것에 대한 보상으로 일이 끝나자마자 자전거를 타러 나간다. 예상보다 일이 일찍 끝나게 되면 조금 더 할 수도 있겠다는 생각이 들지만 추가로 일을 하거나 회의를 잡지 않는다. 일찌감치 밖으로 나가 상쾌한 바람을 즐긴다.

부담을 가중시켜라　행동 변화의 성공 확률을 높이기 위한 세 번째 전략은 부담을 가중시키는 것이다. 당신이 한 약속을 지키도록 스스로를, 혹은 다른 누군가를 끌어들여라. 다소 노골적으로 들릴 수 있다. 목표를 분명히 밝히고 끝까지 해내는지 지켜보아라. 부담을 가중하는 주된 목적은 동기를 부여하는 것이다. 여기서 말하는 '동기'는 목표한 행동이 일어날 확률이 더 높은 상태를 말하는 것이지 기분을 말하는 것이 아니다. 부담은 특정한 환경적 요인들의 영향권 안에 있는 것으로 규정한다. 운동하고 싶은 욕구를 증폭시키기 위해 디스코 음악을 틀어놓을 수도 있고, 집 밖으로 나가기 위해 누군가에게 점심식사를 하자고 말할 수도 있다. 상담치료에서 만나는 내담자들은 우리가 그들에게 과제를 잘 수행했는지 물어봐줄 거라는 사실이, 그들이 육체적, 정신적으로 그 과제를 수행할 수 있을 거라고 우리가 믿고 있다는 사실이 과제를 수행하는 데 도움이 된다고 말한다. 그들에겐 부담이라는 형태의 추가 인센티브가 필요한 것이다. 이것이 바로 부담이 의도하는 효과이다.

그러나 부담을 가중시키는 것이 오히려 동기를 약화시키거나 목표 행동을 할 확률을 줄이는 경우도 있다. 부담이 스트레스를 유발해서 목표가 너무 어렵게 느껴지고 결국 회피로 이어지는 것이다. 부담이 도리어 회피를 조장한다면 동기를 부여할 수 있는 새로운 부담의 형태를 찾거나 부담을 이용하는 전략 자체를 버려라. 성공 확률을 높일 수 있는 다른 방법들도 얼마든지 있다. 당신이 일을 끝내는 데 필요한 기술이 부족한 사람이라면 부담을 가중시키는 것은 해법이 될 수 없다. 그보다는 목표를 달성하기 위한 기술을 습득하거나, 도움을 청해 문제를 해결하는 편이 낫다.

　　당신에게 부담을 느끼게 만들 사람을 정할 때는 존경하고 친밀하며, 좋아하는 사람을 선택해서 부담의 무게를 가중시켜라. 친한 직장 동료와 한 약속이 1년에 한 번 만나는 헤어 디자이너와 한 약속보다 지킬 확률이 높다. 예를 들면, 나는 대학원 지도교수에게 매주 월요일 프로젝트의 진행 상황을 이메일로 보고했다. 주간 보고를 통해 여러 프로젝트의 상태를 파악했고 자칫 놓칠 수 있는 일들을 점검할 수 있었다. 나에게는 이메일이 일에 집중하게 만드는 역할을 했고 프로젝트가 진척될 확률을 높였지만 어쩌면 당신에겐 윗사람에게 매주 이메일을 보내야 하는 상황이 오히려 일을 미루게 되는 요인이 될 수도 있다. 그 경우에는 다른 방식을 선택해야 한다. 좀 더 의욕을 북돋을 수 있는 사람을 선택하거나 보고의 간격을 넓혀라. 일을 끝낼 확률을 조금이라도 높일 수 있다면 무엇이든 해라.

　　스스로에게 부담을 지울 때에는 엄격한 태도를 취하는 것이 좋다. 시한을 엄수하고 약속은 반드시 지켜라. 수요일 정오까지 하겠다고 말했으면 수요일 오후나 수요일 밤이 아닌 수요일 정오까지 해야 한다. 수요일에 두통이 있어도 목요일로 미루지 마라. 시한을 변경하거나 약속을 수정하는 것 역시 일종의 회피이기 때문에 아이러니하게도 이 경우에는 유연하지 않은 태도가 오히려 도움이 된다. 어쩌면 시한을 못 지키는 것에 죄책감을 회피하기 위해 또다시 시한을 연기하는 것일 수도 있다. 때때로 자신에게 유연한 태도를 취하는 것은 그 자체만 놓고 보면 나쁜 게 아니지만 넓게 보았을 땐 회피를 용인하는 환경을 구축하는 것일 수도 있다. 시한을 지키고 약속을 지키는 것에 익숙해지면 그때 유연한 태도를 취해도 늦지 않다. 유연함이라는 것은 상황에 잘 대처하는 것이지 일을 미루기 위한 핑계가 아니다.

변화를 가로막는 것들

목표와 가치로 향하는 여정에 오르기 위해 행동을 수정하는 것 외에도 그 과정에서 맞닥뜨리게 될 장애물을 인지하고 예측하는 것도 중요하다.

너무 바쁘다 흔한 장애물로는 "난 너무 바빠"라는 번지르르한 말이 있다. 당신은 지금 당장 해야 할 일이 너무도 많다. 앞서 말한 방법들을 시험해보고 싶지만 빠듯한 일정 때문에 도무지 시간이 나지 않는다. 일이 좀 정리가 되면 그때 마음챙김을 연습할 시간을 내볼 생각이다. 무슨 말인지 우리도 안다. 분주한 일상의 소용돌이에 휩쓸리고 지금 하고 있는 일 외에 다른 일을 할 "시간이 없다"는 내러티브에 안주하기 쉽다. 새로운 시도를 해보고 싶은데 도저히 시간을 낼 수 없는 상황이 답답할 수도 있다. 당신의 이성은 통제할 수 없는 외부의 힘에 의해 어쩔 수 없이 바쁜 상황에 처했고, 그 상황에서 벗어날 수 없다고 말한다. 배우자와 커피를 마실 시간이 없고, 정성스럽게 음식을 만들 시간도 없다고. 비생산적인 일에 시간을 낭비하는 것보다 한 주간의 계획을 세우거나, 메일함 속 잡동사니를 정리하는 조금이라도 건설적인 일을 하라고 말한다. 완벽주의자인 당신의 이성은 지켜야 할 원칙들을 정해두었다. 시한을 넘겨선 안 되고, 일정관리 앱에 할 일을 전부 입력해야 하고, 진행 중인 모든 프로젝트의 상황을 다 꿰고 있어야 한다.

"나는 너무 바빠"라는 이야기를 덥석 믿는 대신 바쁜 상황이 찾아오면 그 순간의 우선순위를 정하라는 신호로 여겨라. 이것은 바쁜 상황에 대한 통제권을 실제로 당신이 갖고 있다는 뜻이다. 바쁘다는 것은 무엇을 위해 시간을 낼 것인지를 선택하는 동시에 시간을 내기 위해 무엇을 포기할지를 선택하는 것이다. 두 가지 다 당신의 가치에 부합해도 둘 중 하나를 선택해야만 한다. 바쁘다는 것이 우선순위의 문제인 이유이다. 목숨이 위태로워 병원에 입원한 친척을 방문할 수 없을 정도로 바쁜 상황이란 없을 것이다. 응급상황인 반려동물을 병원에 데려갈 수 없을 정도로 바쁜 상황도 없을 것이다.

어떤 일을 하기엔 "너무 바쁘다"라고 말한다면, 사실은 지금 당장 그 일을 할 시간을 낼 생각이 없다는 뜻이다. 상담치료를 받기엔 "너무 바쁘다"라고 말한다면 정신적인 문제를 돌볼 시간을 낼 생각이 없다는 뜻이다. 의식적으로 그런 생각을 하지는 않겠지만 행동이 대신 말하고 있다. "너무 바쁘다"라는 말은 당신의 이성이 당신을 어떤 테두리 안에 가두기 위해 만든 하나의 상태라고 볼 수 있다. 다행히 이성이 시간이 없다고 말할 때조차도 당신에겐 중요한 일을 할 시간을 만들어낼 힘이 있다.

너무 바빠서 시도하지 못하고 있는 일을 세 가지만 적어보아라. 점심을 먹기에 너무 바쁠 수도 있고 오랜 친구에게 전화를 걸기에 너무 바쁠 수도 있다. 우선 "나는 지금 ○○○을 하기엔 너무 바쁘다"라는 형식으로 써라. 그다음에는 "너무 바쁘다"를 "나는 ○○○을 할 시간을 낼 마음이 없다"로 바꾸어라. 몇 가지 예를 들어보겠다.

— 나는 지금 하루에 **여덟 시간씩 잠 잘** 시간을 낼 마음이 없다.

— 나는 지금 **규칙적으로 운동할** 시간을 낼 마음이 없다.

— 나는 지금 **병원에 갈** 시간을 낼 마음이 없다.

이제 그 의미를 온전히 헤아리면서 문장들을 다시 읽어

보아라. 수정한 문구에 동의할 수 있는가? 만약 동의한다면 당신의 의도에 맞게 우선순위를 정한 것이고 그대로 두어도 괜찮다. 만약 동의하지 않는다면 행동이 우선순위와 일치하지 않는 것이다. 누구나 하는 실수다. 부조화를 인지하면 변화의 가능성이 높아진다. "시간이 없다"는 말이 튀어나올 때 유연한 태도를 취하고 당신의 의도를 선택에 반영해라. 이성이 아무리 바쁘다고 말해도 그 시간으로 무얼 할지는 절대적으로 당신의 선택이다.

확신이 있어야 움직인다 변화를 가로막는 또 하나의 장애물은 확신이 있어야만 움직이는 완벽주의자 성향이다. 시간과 에너지를 쏟아붓기 전에 목표가 옳은지, 과연 추구할 가치가 있는지 알아내느라 몇 주 혹은 몇 달을 허비한다. 확신을 행동의 전제조건으로 삼는 경우 일어나는 문제는 자신의 선택이 옳다는 확신을 결코 가질 수 없다는 점이다. 예측할 수 없는 변수는 무수히 많다. 사실 완벽주의는 존재하지 않는 확신을 찾으라고 당신에게 요구하고 있다.

다시 생각해보라고 머릿속 이성이 소리를 질러도 옳은 것에 집착하기보다 그저 선택하고 그 선택에 충실해야 한다. 그러려면 목적의식이 있어야 하고, 앞장에서 터득한 모든 기술들을 연습해야 한다. 무조건 "일단 하라"는 게 아니다. 선택한 행동을 하고 나면 그 행동이 어떤 영향을 미쳤는지 돌아보아라. 오늘 같은 날들을 더 많이 누리고 싶은가? 다른 방식으로 했더라면 더 좋았을 것 같은가? 어떤 점을 다르게 하고 싶은가? 경험으로부터 얻은 지혜를 미래의 선택 지침으로 삼아라. 행동을 완료한 이후에는 경험으로부터 얻은 지혜를 반영할 수 있고, 이성의 소음과 거리를 두어 냉정한 평가를 할 수 있다. 행동을 완료한 이후에도 마음속 완벽주의자는 정말로 옳은 선택을 했는지 끊임없이 의심과 비판으로 당신을 부추길 것이다. 그럴 땐 그 소음을 인정하고 거리를 두어 바라볼 수 있도록 시간을 갖는 것이 좋다. 몇 시간도 좋고 며칠도 좋다. 우선 현재 당신에게 주어진 현재를 살라는 뜻이다. 시야가 선명해지면 그때 평가해도 늦지 않다.

스마트 목표를 이용하여 구체적이고, 측정 가능하며, 달성 가능하고, 의미 있고, 시한이 있는 목표를 세우는 것은 행동을 좀 더 수월하게 만든다. 목표를 정했다면 다음 세 가지 방법을 통해 목표를 달성할 가능성을 높여라. 첫째, 바람직한 행동을 독려하고 바람직하지 않은 행동은 막을 수 있는 환경을 구축하라. 둘째, 가치에 맞는 행동을 했을 때 스스로에게 보상하라. 셋째, 목표를 달성할 수 있도록 자기 자신이나 다른 사람을 통해 부담을 가중시켜라. 이런 전략들은 기분에 의존하지 않고 행동의 변화를

이룰 최고의 기회를 스스로에게 부여한다.

목표를 달성하기 위해 노력할 때 당신이 내딛는 모든 걸음마다 완벽주의가 의심을 드리울 것이다. 그럼에도 불구하고 하기로 마음먹은 일을 끝내고, 경험을 통해 무엇을 배울지 당신이 결정해라. 다음 장에서는 끊임없이 완벽을 요구하는 세상 속에서 지금껏 당신이 이룬 긍정적인 변화를 지키고 키워나가는 방법을 알아볼 것이다.

제 10 장

선택할 용기

일상의 균형을
되찾기 위한 작은 변화

완벽주의를 이해하고 그것에서
벗어날 방법을 실천하더라도 가장
완벽한 버전의 자신이 되고 싶은
욕구와, 실패를 피하고 싶은 욕구는
쉽게 사라지지 않을 것이다. 그러나
당신은 늘 '**선택**'할 수 있다는
사실을 잊지 마라. 고속도로를 잘못
타면 다시 새로운 경로를 찾는
것처럼 두려움 대신 가치를 선택할
기회는 언제나 열려 있다. 스스로를
친절하게 대할 선택, 일과 여가의
균형을 적절히 맞출 선택은 오로지
당신만이 할 수 있다.

완벽주의에 효율적으로 대처하는 것은 완벽주의에 굴복하는 것보다 어렵다. 우리는 끊임없이 뛰어나게 잘해야 한다는 압박에 시달린다. 성공하면 존경받고, 성공하지 못하면 망신당한다. 결국 사회가 정한 성공의 기준을 따른다. 업계에 혁명을일으키고, 미디어 왕국을 건설하고, 걸작을 완성하고, 삶을 바꾸는 상품을 개발한 사람들을 존경하도록 길들여졌다. 그들이 성공하기까지 포기했던 것들을 이야기하면 그 열정과 헌신을 더욱칭송한다. 우리는 스티브 잡스를 바라보면서 타의 추종을 불허하는 애플과 픽사의 성공에 경탄하고 그의 완벽주의를 이상화한다. 그가 자신의 기대에 부응하지 못한 동료나 직원들에게 가혹한 것으로 악명 높고 마음에 드는 가구를 찾지 못해 방을 휑하게비워두는 사람인데도. 우리에게 주입되는 메시지는 이것이다."성공하기만 하면 무슨 짓을 해도 괜찮다."

사회는 성공을 영예와 물질적인 성과로 가늠한다. 당신도 상을 가장 많이 타는 사람이 되고 싶고, 유명한 회사에서 일하고 싶고, 호화로운 휴가를 즐기고 싶고, 근사한 동네에서 살고 싶고, 비싼 차를 타고 싶을지 모른다. 그러나 사회가 정의해놓은 방식으로 가치를 평가하는 것은 진정한 충족감을 주지 않을 것이다. 어디에나 있는 피할 수 없는 성공의 덫이다. 따라서 당신이 실제로 변화를 이루고 이 책에 있는 기술들을 활용한다고 해도 여전히 과거의 패턴으로 떠밀린다. 이제부터 그 게임에 휘말리지 않는 방법을 소개하려 한다.

연습, 연습, 또 연습

완벽주의 게임을 하고 싶은 유혹은 반복해서 밀려든다. 몇 달째 집 청소를 못 했는데도 부모님의 정원일은 돕겠다고 말할 것이다. 어떤 오븐을 살지 오래 고민할 것이다. 햇빛이 찬란한 뉴잉글랜드의 가을날 아침, 밖으로 나가는 대신 책을 편집할 것이다. 이것이 바로 당신의 주특기이다. 어떤 대가를 치르더라도 잡힐 듯 잡히지 않는 승리를 좇는 것 말이다. 자신의 가치를 확실하게 정립했다고 해서 당신의 영리한 두뇌가 합리화 기능을 바로 멈추지는 않는다. 우리에겐 여전히 원칙들이 있고, 꺾이지 않는 기대가 있으며, 걱정, 두려움, '만약'이 있고, 섬뜩한 예언이 있다. 두뇌가 아주 쉽게 잘하는 일이다.

우리는 굳어진 패턴을 무력화할 기술, 정보, 묘책들을 얘기했다. 발전의 골격을 갖춘 셈이다. 골격에 살을 붙이려면 연습, 연습, 또 연습하는 수밖에 없다. 오랜 습관을 버린다고 되는 일이 아니다. 새로운 적응 패턴을 구축하고 또 지켜내야 한다. 심리학 기술은 스포츠, 글쓰기, 댄스, 요리같이 삶의 모든 다른 기술들과 다르지 않다. 다만 심리학 기술은 거의 어디에서나 연습할 수 있다는 점이 다르다. 생각과 느낌은 언제나 존재하기 때문이다. 우리는 끊임없이 생각하고 느낀다. 심지어 '나는 지금 아무 생각도 없어'라는 생각조차도 하나의 생각이다. 생각과 느낌이 언제나 존재한다는 것은 언제나 두려움이 아닌 가치를 선택할 수 있다는 뜻이기도 하다. 비록 그 순간에는 가치가 선명하지 않고 가치를 선택하는 것이 가능할 것 같지 않더라도 말이다.

따라서 언제 어디서나 신경 쓰이는 생각을 알아차릴 때마다("이틀 전에만 시작했어도…"), 불안감이 엄습해올 때마다, 혹은 자기비판의 웅성거림("난 제대로 하는 게 하나도 없어")이 시작될 때마다 연습해라. 생각을 그저 생각으로 여기고 그것들이 마음의 공간 속에서 바람에 날리는 비닐봉지처럼 떠다니게 내버려두어라. 마치 궤도에서 이탈한 혜성을 관찰하는 천문학자처럼 한 걸음 뒤로 물러나 당신의 몸을 관통하는 불안의 여정을 관찰하라. 자기 꼬리표와 자기 이야기를 알아차리고 신인류를 연구하는 인류학자처럼 초연하고 호기심 어린 시선으로 자아와 다시 연결하는 연습을 해라. 매 순간 지금 이곳에 머물고 마치 시간과 공간을 초월하여 날아다니는 것들이라는 듯 모든 생각과 느낌들을 따스하게 환영해라. 삶의 모든 교차로에서 가치를 향해 돌아서는 연습을 해라.

— 성공의 공식
원칙보다 가치 중시

— 분석의 수준

형식보다 기능 중시

— **배움의 방식**

일관성보다 경험 중시

— **목표**

결과보다 과정 중시

하루에 여러 차례 연습해라. 하루에 두 번만 연습해도 일주일이면 열네 번이다. 심리학 기술이 다른 모든 기술과 다르지 않다는 것을 기억하는가? 피아노 혹은 독일어를 일주일에 열네 번 연습한다고 생각해보라. 매주 열네 번을 연습하면 무엇이든 잘하게 된다. "괜찮은 계획이긴 한데… 시간과 의욕이 좀 생기면 하루에 두 번씩 연습해야지"처럼 완벽하게 준비되지 않은 일을 해야 할 때의 불편한 마음을 포용하고, 무작정 일단 시작해라. 그것이 첫 연습이 될 것이다.

일주일 내내 꾸준히 기회를 찾아라. 연습할 기회가 없는 것이 아니라 연습할 기회를 알아차리지 못하는 것이다. 아이들이 점심 도시락을 챙기지 않아서 화가 난다면 자상한 부모가 되고 싶다는 가치를 떠올리고 아이들을 도와라. 새로운 일에 도전하는 것이 두렵다면 배움의 가치를 떠올리고 '멍청한' 질문을 하는 위험을 감수하라. 원하는 방식으로 짐을 꾸리지 못해서 장거리 여행을 떠나기가 망설여진다면 모험의 가치를 떠올려라. 평가받는 것이 두려워 열심히 쓴 보고서를 숨기고 싶다면 자기 계발의 가치를 떠올리고 조언을 구하라. 연습할 기회는 얼마든지 있다. 잘 살펴보기만 하면 말이다.

완벽주의의 위협

가치에 맞게 변화를 이루다 보면 익숙한 존재가 찾아올 것이다. 그 작은 목소리는 "그것보다 조금 더 잘할 수 있지 않겠어?", "가치를 제대로 선택한 게 확실해?" 순진한 척 물을 것이다. 완벽주의가 다시 찾아온 것이다. 사람들은 한번 학습한 행동을 학습하지 않은 상태로 되돌리지 못한다. 다시 말해서, 그 행동을 더 이상 하지 않는다고 해도 잊을 수는 없다. 특히 오랜 시간 몸에 배어 있는 행동이라면 더더욱 그렇다. 몇 년 만에 자전거를 탈 때처럼 과거에 했던 일을 오랜만에 다시 하게 되면 더 빨리 이해하는 것도 그런 이유 때문이다. 마찬가지로 어린 시절의 전화번호나 첫 메일 주소도 오래 기억한다. 두뇌가 자연스레 기억하는 것이다.

새로운 행동이 기존의 행동보다 더 편리할 때 새로운 행동을 채택한다. 이는 학습이 이루어지는 방식이다. 집안 어른이 민감한 사회문제에 관해 논란이 될 수 있는 주장을 펼치면 어느 순간 논쟁을 하지 않고 입을 다물게 되는 것처럼 말이다. 당신은 다양한 상황에서 어떤 행동을 취할지 재학습한다. 물론 눈을 위로 치켜뜨는 것 같은 기존의 반응이 완전히 사라지는 건 아니다. 마찬가지로 일을 완벽하게 처리하고 싶은 욕망 역시 완전히 제거할 수는 없다. 대신 과거의 패턴을 대체할 수 있는 새로운 패턴을 연습을 통해 구축할 수 있다. 가족이 함께하는 식사 시간의 평화를 유지하기 위해 고개를 끄덕이며 동조하는 기술은 연습할수록 더 나아질 것이다.

이러한 새로운 행동 패턴은 간혹 과거의 패턴과 똑같아 보이는 경우도 있다. 과거의 행동을 똑같이 하고 있지만 행동의 이유가 달라지는 식의 재학습도 있기 때문이다. 똑같은 운동을 하더라도 과거에는 체중을 줄이는 것을 목표로 했다면 건강을 향상시키는 것으로 목표를 바꾸어서 운동할 수도 있는 것처럼 말이다. 변화의 목표는 형식이 아니라 기능이다.

가치에 완벽하게 부합하는 삶을 살거나 가치를 철저하게 추구하고자 하는 덫에 빠지기 쉽다. 그 경우에는 단지 원칙을 '가치'로 바꾼 것에 불과하다. '나는 완벽해야 해'라는 생각이 '나는 가치에 완벽하게 부합해야 해'라는 생각으로 대체된 것뿐이다. 가치를 강조하는 이유는 가치가 원칙과 같은 기능을 하게 될 수도 있기 때문이다. 가치를 삶의 정답처럼 다루는 태도는 당신을 다시 완벽주의의 수렁에 빠뜨리고, 결국 가치를 추구하기 이전에 그랬던 것처럼 여전히 불안하고, 스트레스받고, 걱정하게 된다. 가치를 따르는 것이 원칙을 따르는 것처럼 느껴지진 않는지 주의를 기울여라. 실패에 대한 두려움, 죄책감, 수치심, 조급함, 자기의심에 휩싸일 수도 있다. 그것은 가치가 아니다. 완벽주의가 가치를 장악하는 것이 느껴질 때 몇 가지 선택이 있다.

가치를 점검하라 다시 원점으로 돌아가라. 어쩌면 당신이 선택한 가치가 만족감을 주지 않는 것일 수도 있다. 있을 수 있는 일이다. 우리는 행동하고 경험하며 배운다. 예를 들면, 자원봉사를 당신의 가치로 선택했지만 동물보호센터의 담요를 세탁하는 일에서 별다른 성취감을 느끼지 못할 수도 있다. 그것은 당신의 가치가 아닌 것이다. 그렇다면 그 가치를 지우고 다른 가치에 집중해라. 생각이 바뀌면 언제든 도로 목록에 올려놓을 수 있다.

행동을 점검하라 행동이 가치에 부합되지 않을 수도 있다. 가족을 소중한 가치로 여겨서 주말에 가족들과 시간을 보내기로 했는데 그 결심을 후회할 수도 있다. 분명히 가족이 소중하다는 걸 느끼지만 가족과 함께 있는 시간 내내 스트레스를 받아 괜한 고통을 겪었다는 생각이 드는 것이다. 그렇다면 가족을 소중히 여기는 가치는 본래 생각했던 것과 다른 방식으로 표현되어야 한다. 다른 실천방안을 고민해보아라. 일주일에 한 번 부모님의 안부를 챙길 수도 있고, 아이들과 더 많은 시간을 보낼 수도 있고, 부모 역할에 관한 책을 읽고 내가 잘하고 있는지 확인해볼 수도 있다. 새로운 경험에서 수집한 데이터를 바탕으로 가족이라는 가치를 개선해나가라. 행동 이면의 목표를 의식하면 행동의 질이 달라진다.

가치에 연결하라　가치와 행동이 어긋났다는 생각이 들 때 취할 수 있는 또 다른 조치는 의식적으로 가치를 향해 돌아서는 방법이다. 이 경우 가치를 온전히 체험하는 것을 방해하는 장애물이 있다. 예를 들면, 당신은 결혼 50주년 기념 파티에 앉아 있으면서 현관에 놓인 손님의 진흙투성이 신발에, 음식을 충분히 준비했는지에 대한 걱정에, 파티가 끝나고 해야 할 청소에 온통 주의를 빼앗긴다. 파티가 끝날 무렵, 소중한 시간은 지나가버리고 당신은 배우자와 함께했던 수십 년을 되돌아보며 회상에 젖을 시간을 놓친다. 아이들의 기저귀를 갈던 일, 리모컨을 놓고 다투었던 기억, 암묵적 이해의 순간들, 배꼽 빠지게 웃었던 일들, 친구들의 죽음 등 많은 추억들이 있었는데 말이다. 당신이 존경스럽다는 배우자의 연설도, 그들의 삶이 더할 나위 없이 훌륭했다는 말도 진심으로 음미하지 못한다. 이 모든 것들이 당신에게 소중하다는 걸 당신도 안다. 불행히도 소중한 가치가 바로 눈앞에 있는데도 연결되지 못한 것이다. 다시 말해서, 당신에게 필요한 모든 게 다 있다. 당신이 할 일은 단지 그것을 알아보고 가치와 행동을 연결하는 것이다.

변동성을 만들어라 원칙을 고수하는 습관을 약화하는 또한 가지 방법은 고의적으로 변동성을 만드는 것이다. 인간이 습관의 동물임을 감안하면 자연스럽게 행동을 다양화하기 힘들다. 매일 아침 특정한 방식으로 커피를 만들고 주방을 청소하거나 혹은 청소하지 않는 습관이 몸에 밴다. 암벽등반이라든가 웨이트트레이닝처럼 반직관적인 운동의 경우 명확한 지침(발바닥이 아닌 발가락을 이용하라)이 없으면 배우기 힘든 것도 같은 이유이다. 일반적으로 사람들은 자신이 알고 있는 것 혹은 자신이 납득할 수 있는 것(이것 역시 일관성의 덫이다)을 고수하고, 건설적인 시도를 해볼 정도로 행동을 다양화하지 않는다.

변동성을 만들기 위해서는 적극적으로 새로운 선택을 해야 한다. 당신의 이성은 장담할 것이다. 어떤 일이 벌어질지 안봐도 뻔하고 그 결과가 결코 마음에 들지 않을 거라고. 당신의 이성은 다 아는 것처럼 말하지만 직접 경험하기 전에는 어떤 일을 좋아할지 혹은 좋아하지 않을지 결코 알 수 없다. 아이들에게 하고 싶은 놀이를 선택하라고 하는 것처럼 낯선 경험에 마음을 열

219

다 보면 융통성이 길러지고, 안전지대를 벗어나 새로운 것을 배우게 되고, 다른 가치를 발견하게 되거나 기존의 가치를 실현하는 새로운 방법을 배우게 된다. 처음 도전해본 일들이 좋을 수도 있고 싫을 수도 있다. 중요한 것은 당신이 변동성을 만들었다는 사실이고 그 변동성이 어쩌면 당신이 원했던, 그러나 원하고 있다는 것조차 알지 못했던 보물로 이끌기도 한다.

언제나 선택할 수 있다

가치를 추구하는 여정에 머물기 위해 많은 노력을 하겠지만 당신도 인간이기에 어쩔 수 없이 때로 휘청거릴 것이다. 그럴 때 전부 아니면 아무것도 아니라는 식의 논리는 버려라. 완벽주의는 깔끔한 분류를 좋아한다. 좋은 것 아니면 나쁜 것, 옳은 것 아니면 틀린 것, 성공 아니면 실패. 당신이 목표와 가치에서 멀어질 때에도 완벽주의는 똑같이 반응할 것이다. "지금 네가 하는 행동은 네가 추구하는 가치와 완벽하게 부합하지 않아. 그러니까 넌 실패야." 완벽주의는 또 말할 것이다. 더 큰 손해를 보기 전에어서 손 떼라고, 기권하라고. 그리고 네가 얼마나 무능한지 창피한 줄 알라고. 그러나 그것은 마치 등산을 하다가 정해진 등산로에서 벗어났다고 사자에게 몸을 던지는 것이나 마찬가지다. 다시 등산로로 돌아가서 산을 오르는 게 현명하지 않을까? 등산로에서 이탈했다고 산이 사라지는 건 아니다. 산은 여전히 그 자리에 있고 당신은 그 산을 오를 수 있다. 기억하기 바란다. 두려움 대신 가치를 선택할 기회는 언제나 있다.

다시 산에 오르기 전에 스스로에게 확인해보는 것도 좋다. "나는 정말 등산로로 돌아가길 원하는가?" 완벽주의는 여기서 돌아갈 수는 없다고 말한다. 저만치 당신의 차가 아직 보이는데도. 일단 시작한 이상 끝을 봐야만 한다고 생각한다. 어쩌면 당신은 등산을 끝까지 마치고 싶지 않을 수도 있다. 단지 당신이 좇아야 한다고 생각하는 가치에 스스로를 가둔 것일 수도 있다. 그것 역시 가치를 원칙처럼 대하는 것이다. 우리는 '멈춤'을 '실패'와 동의어로 사용하는 경향이 있다. 사실 멈춤의 어원은 '해방되는 것'(전쟁 혹은 빚 등으로부터)이며 그 의미는 여전히 유효하다. 그만둔다는 것은 당신에게 임의적으로 부과된 의무로부터 해방되는 것이다.

따라서 다시 호기심을 품은 자세로 돌아가야 한다. 당신은 애초에 왜 등산을 하고 있는가? 등산을 중도에 그만두거나 혹은 끝까지 하게 되면 어떤 일이 일어나는가? 멈추어 서서 심호흡을 하며 마음의 지평선에서 피어오르는 폭풍을 알아차려라. 그만두고 싶은 욕구, 계속 가야 할 것 같은 압박, 휘몰아치는 두려움과 걱정, 빗발치는 자기비판. 그것들이 당신에게 할 수 있는 일은 아무것도 없음을 인지하고 그저 가만히 폭풍을 바라보아라. 폭풍과 거리를 두어라. 폭풍이 지나간 뒤에 당신은 어디에 있고 싶은가?

가치의 길을 걷는다는 것

습관을 바꾼다는 건 어려운 일이고 누구나 따라 할 수 있는 쉬운 공식 따위는 없다. 우리 두 사람은 수십 년 동안 인간 행동에 영향을 미치는 방법들을 연구해왔지만 여전히 그 누구에게도 삶의 방식을 바꿀 수 있다고 장담하지 못한다. 우리 역시 그토록 많은 책을 읽고 연구했는데도 여전히 좋지 않은 습관들을 지니고 있다. 나는 이메일을 읽지 않은 상태로 내버려두질 못하고 마이클은 이메일로 독촉을 받을 때까지 급한 일들을 미룬다.

분명히 말해두겠다. 당신은 실패할 것이다. 일을 망칠 것이고, 다시 당신의 가치로 돌아가는 길을 찾을 것이다. 고속도로에서 엉뚱한 출구로 빠져나왔어도 평생을 캔자스에 은둔해 살지 않고 다시 고속도로로 돌아가는 길을 찾는 것처럼, 넘어지는 것이 걸음을 배우는 과정의 일부인 것처럼, 실패도 성장의 일부이다. 우리는 실수할 때마다 배우고 다시 돌아갈 때마다 강해진다. 기억하라, 당신은 다시 돌아갈 수 있는 마음의 근육을 키우는 중이라는 것을. 가치를 향해 다시 돌아서고, 하기로 한 일들을 해낼 때 당신이 되고자 하는 사람에 가까워지는 것이다. 자신의 결점을 포용하기 위해 노력해도 여전히 보고서를 편집하고 다듬는 데 몇 시간을 매달리고, 데이트할 때 내가 얼마나 어색했는지 곱씹고, 회의 시간을 착각한 자신을 몰아세울 것이다. 가장 완벽한 버전의 자신이 되고 싶은 욕구와 실패를 피하고 싶은 욕구는 사라지지 않을 것이다. 중요한 것은 당신의 가치 안에서 중심을 잡고, 자기친절을 실천하고, 일과 여가의 균형이 중요하다는 것을 스스로에게 일깨우고, 다음번에 기회가 찾아왔을 때 가치에 부합되는 행동을 선택하는 것이다.

우리가 맞닥뜨리는 장애물이 결코 만만치 않다는 걸 인정한다. 문화와 제도 속에 녹아 있는 억압적 구조가 그 장애물을 더욱 공고히 한다. 누군가는 변화를 이루는 것을 결심의 문제라고 생각하는 반면, 내딛는 걸음마다 고약한 장애물을 만나는 소수 및 취약계층도 있다. 이들에게 변화는 결심만으로 이룰 수 있는 게 아니다. 가치를 찾고 행동을 취하기로 결심한다고 해서 구조적 장벽이 사라지지 않는다. 불쾌한 생각들이나 느낌들이 우리를 가로막을 때 앞서 논의했던 기술들이 사회의 부조리와 불평등을(적어도 직접적으로는) 해결하지 못한다. 이 책이 다정하고 의식 있는 부모가 되도록 도울 수는 있겠지만 좋은 보육시설에 들어갈 수 있는 확률을 높여주거나 근무 중에 빠져나올 수 있는 특권을 주지는 않는다. 완벽하게 해낼 수 없을 때에도, 스트레스와 걱정이 당신을 짓누를 때에도, 실패할 때에도, 이 책을 통해 당신이 힘을 얻는 것, 그것이 우리가 가진 가장 현실적인 소망이다. 그뿐이다.

제대로 살건, 속절없이 흘려보내건 당신의 삶이다. 우리는 당신에게 이래라저래라 말할 수 없다. 그 누구도 아닌 당신만이 당신의 고통과 기쁨을 경험할 수 있고, 그 누구도 아닌 당신만이 당신이 행동한 것과 행동하지 않은 것에 책임질 수 있다. 결국 당신의 질문에 대답할 사람은 당신뿐이다. 모든 선택들이 삶의 궤도를 수정하고 얼핏 보기에 하찮아 보이는 결정들이 삶의 직물을 짠다. 당신이 만들고자 하는 삶은 어떤 삶인가?

가치를 향해 나아간다는 것은 이 책에 있는 방법들을 열심히 연습해 힘과 기술을 장착한 다음, 계속 연마하는 것이다. 사회는 계속해서 성공을 좇을 것을 강조하기 때문에 실수를 피하고, 남을 기쁘게 하고, 자신을 비판하는 완벽주의자 성향은 다시 돌아올 것이다. 그럴 때 완벽주의에 휩쓸리지 않고 오랜 습관으로 되돌아가지 않도록 관찰하면서 적절한 전략을 사용해 거리를 두어라.

그럼에도 불구하고 당신은 실패할 수 있다. 실패는 피할 수 없다. 더구나 불안, 스트레스, 걱정은 언제든 돌아오려고 기회를 엿보고 있다. 불완전함을 포용하지 못한 자신을 몰아세우지 말고 경로에서 이탈했을 땐 가치를 향해 돌아서고 여정을 재개하라. 결국 이것 역시 당신의 삶이다. 그 삶을 살아라.

사랑하는 나의 완벽주의자들에게

언제부터인가 나의 번역 일은 두 가지 트랙을 갖게 되었다. 하나는 소설을 선택해 낯설고 강렬한 감정을 경험하는 것이고, 또 하나는 비소설을 선택해 잘 모르던 새로운 분야를 공부하는 것이다. 두 가지 선택 모두 나에게는 옳고 또 소중하다. 모양과 빛깔이 다른 번역의 행복을 가져다주기 때문이다.

소설은 책 속에 이야기가 있지만, 비소설은 책 밖에 이야기가 있다. 이 책을 처음 보았을 때 내 삶에 늘 존재했던 완벽주의자들이 떠올랐다. '불완전감sense of incompleteness'이라는 단어를 만나는 순간, 마치 오랫동안 궁금했던 꽃 이름을 알아냈을 때처럼 시원했다. 내가 늘 보고 느꼈지만 정의할 수 없었던 그 느낌의 이름은 바로, '불완전감'이었다.

내가 사랑하는 사람들은 대부분 완벽주의자다. '허당' 그 자체인 나는 본능적으로 그들에게 끌린다. 그들은 언제나 높은 목표를 세우고 그 목표를 멋지게 달성한다. 시험을 망쳤다고 울지만 결국 좋은 점수를 받고, 교차로에 다다르기 한참 전부터 신호등을 읽어 나의 시간을 아껴준다. 함께 길을 걷다가 미리 보아둔 근사한 카페로 나를 안내하기도 하고, 내가 뭘 원하는지 나조차 잘 모를 때에도 내가 원하는 것을 찾아내 선물한다. 내가 무심코 삶을 흘려버리는 시간에도 그들은 항상 무언가에 열중하고 도전하고 성취해내는 것 같다. 그들의 삶은 화려하고 아름다워 보인다. 그들에게 가혹한 자기비판과 고독의 시간이 있다는 걸 알지 못한다면 그렇게 믿기 쉽다.

그들이 어쩌다 한 번 보는 사람이 아닌 밀착된 관계 속에 있는 사람이라면, 가장 가까운 가족이거나 형제이거나 자식이라면, 그들이 정작 스스로에 대한 평가를 너무 박하게 내리고 있음을 알게 된다. 그들은 세상에서 가장 예민한 눈으로 자신의 결점을 보고, 가장 날카로운 말로 스스로를 몰아세운다. 불안은 그들의 오랜 친구다. 불안은 그들이 이룬 무지갯빛 성공을 회색으로 물들인다.

'불완전감'이란 자신이 완전하지 않다고 느끼는 마음이다. '불완전감'은 '불완전함'과는 다르다. 이 책에서 강조하듯이 어디까지나 하나의 느낌일 뿐이다. 어쩌면 자기 자신을 놓고 이야기를 지어낼 수 있는 인간만이 가질 수 있는 느낌이 아닐까. 나의 깃털이 충분히 화려하지 않다고 괴로워하는 공작새나, 내 울음소리가 조금 더 맑고 고왔으면 좋겠다고 한탄하는 꾀꼬리는 없을 테니까. 오직 인간만이 완벽한 자아상을 만들고 그것을 좇다가 탈진하는 것 아닐까.

요즈음 나는 안데르센의 동화 《눈의 여왕》에 등장하는 마법의 거울을 자주 떠올린다. 세상의 모든 것을 부정적으로 왜곡해서 보여주는 악마의 거울 말이다. 악마가 마법의 거울을 들고 하늘로 올라가다가 그만 거울을 놓쳐버린다. 커다란 거울이 산산조각 나면서 공중에 떠다니다가 사람들의 눈과 심장에 박히는데, 아주 작은 조각이라도 거울의 파편이 박혀 있으면 아름다운 장미가 추하게 보이고 아름다운 풍경은 '삶은 시금치'처럼 시들해진다.

어쩌면 우리가 살고 있는 이 세상에도 실제로 그런 거울 조각들이 떠다니는 건 아닌지, 그래서 조심해야 하는 건 아닌지 생각해본다. 세상에 떠다니는 온갖 정보의 조각들이 우리의 눈과 심장에 박혀 이대로는 행복할 수 없는 거라고, 지금보다 좀 더 가져야만 행복해질 수 있다고 우리 마음을 왜곡하는 건 아닌지. 우리가 아는 모든 심리학적 기술들, 명상이나 수행처럼 마음을 다스리는 도구들은 결국 그런 파편들을 제거해나가는 과정이 아닐까 생각해본다.

부적응적 완벽주의 성향으로 괴로워하는 사람들에게 이 책이 위로와 치유가 되길 바란다. 두 저자가 서로와 자기 자신에 대한 애정으로 이 책을 써내려간 것처럼 나 역시 세상의 모든 완벽주의자들에 대한 애정을 담아 이 책을 번역했다. 지난한 삶의 과정에서 스스로를 가장 힘들게 하는 사람이 자기 자신일 필요는 없다. 부디 세상의 모든 완벽주의자들이 조금 덜 힘들어지고 조금 더 행복해지기를 바란다. 게르다의 뜨거운 눈물이 카이의 눈과 심장에 박힌 차가운 거울 조각을 녹여냈듯이, 좋은 책 한 권이 심장과 눈에 박힌 유리 조각을 녹여낼 수 있을 거라 믿는다.

마지막으로 나의 반쪽이자, 분신이며, 동반자, 내가 사랑해 마지않는 나의 완벽주의자들에게 지면을 빌려 이 말을 꼭 전하고 싶다. 무슨 일이 있어도 내가 지금보다 당신을 덜 사랑하게 될 일은 없을 것이다.

나에게 당신은, 언제나 완벽하다.

2023년 봄, 이진

참고문헌

Bieling, P. J., A. L. Israeli, and M. M. Antony. 2004. "Is Perfectionism Good, Bad, or Both? Examining Models of the Perfectionism Construct." Personality and Individual Differences 36(6): 1373–1385.

Egan, S. J., T. D. Wade, and R. Shafran. 2011. "Perfectionism as a Transdiagnostic Process: A Clinical Review." Clinical Psychology Review 31(2): 203–212.

Hayes, S. C., and B. T. Sanford. 2014. "Cooperation Came First: Evolution and Human Cognition." Journal of the Experimental Analysis of Behavior 101(1): 112–129.

Park, H., and D. Y. Jeong. 2015. "Psychological Well-Being, Life Satisfaction, and Self-Esteem Among Adaptive Perfectionists, Maladaptive Perfectionists, and Nonperfectionists." Personality and Individual Differences 72: 165–170.

Prud'homme, J., D. M. Dunkley, E. Bernier, J.-L. Berg, A. Ghelerter, and C. J. Starrs. 2017. "Specific Perfectionism Components Predicting Daily Stress, Coping, and Negative Affect Six Months and Three Years Later." Personality and Individual Differences 111: 134–138.

Stoeber, J., and K. Otto. 2006. "Positive Conceptions of Perfectionism: Approaches, Evidence, Challenges." Personality and Social Psychology Review 10(4): 295–319.

Stoeber, J., and L. E. Damian. 2014. "The Clinical Perfectionism Questionnaire: Further Evidence for Two Factors Capturing Perfectionistic Strivings and Concerns." Personality and Individual Differences 61–62: 38–42.

Suh, H., P. B. Gnilka, and K. G. Rice. 2017. "Perfectionism and Well-Being: A Positive Psychology Framework." Personality and Individual Differences 111: 25–30.

불안한 완벽주의자를 위한 책

1판 1쇄 발행   2023년 4월 12일
1판 8쇄 발행   2024년 12월 9일

지은이   마이클 투히그 · 클라리사 옹
옮긴이   이진
발행처   (주)수오서재
발행인   황은희 장건태
책임편집   박세연
편집   최민화 마선영
디자인   권미리
마케팅   황혜란 안혜인
제작   제이오
주소   경기도 파주시 돌곶이길 170-2 (10883)
등록   2018년 10월 4일(제406-2018-000114호)
전화   031 955 9790
팩스   031 946 9796
전자우편   info@suobooks.com
홈페이지   www.suobooks.com
ISBN   979-11-90382-99-1 03180 책값은 뒤표지에 있습니다.